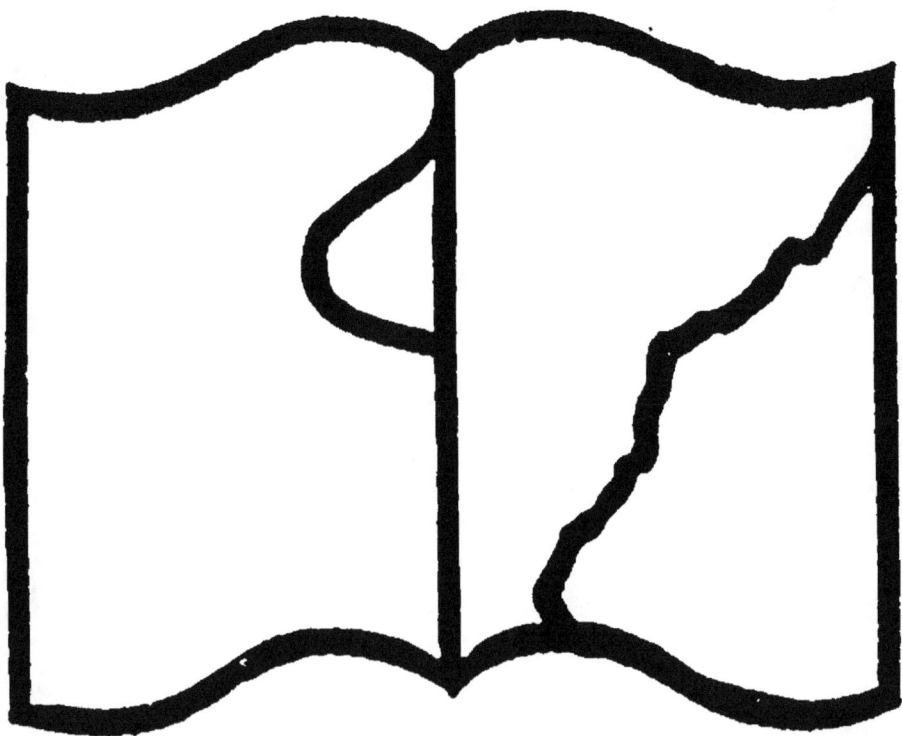

Texte détérioré — reliure défectueuse

NF Z 43-120-11

CHARLES DE MORILLON

DOCTEUR EN DROIT

AVOCAT A LA COUR D'APPEL

Le Droit de Grève

ET

le Contrat de Travail

DIJON

IMPRIMERIE RÉGIONALE

1905

CHARLES DE MORILLON

DOCTEUR EN DROIT

AVOCAT A LA COUR D'APPEL

Le Droit de Grève

ET

le Contrat de Travail

DIJON

IMPRIMERIE RÉGIONALE

—

1905

MEIS ET AMICIS

INTRODUCTION

A s'en-tenir à l'apparente logique des faits, on pourrait croire que l'étude, que nous entreprenons, de l'influence du droit de grève sur le contrat de travail devrait être, à l'heure actuelle, un sujet épuisé, ou bien près de l'être. Ce problème n'a-t-il pas dû surgir, en effet, dès les premières manifestations des conflits entre patrons et ouvriers? Et l'une des premières questions soulevées par le fonctionnement du droit de grève n'a-t-elle pas dû être celle de la détermination des conséquences produites par la cessation du travail sur le contrat dont le travail est l'objet même?

Cette question, cependant, n'a appelé l'attention qu'à une époque récente. Et l'on compte aisément, aussi bien les documents doctrinaux dans lesquels elle a été étudiée, que les décisions judiciaires qui ont eu à la résoudre.

Est-ce donc qu'elle soit dénuée d'intérêt, pour n'avoir pas éveillé plus tôt et plus abondamment les préoccupations des jurisconsultes et des magistrats?

Non, certes, et nous partageons entièrement l'appréciation portée par M. Paul Pic (1), lorsqu'il écrit

(1) Paul Pic, De la rupture ou de la suspension d'exécution du contrat de travail par l'effet des grèves ouvrières ou des lock-outs patronaux. — *Revue trimestrielle de Droit Civil*, n° 1, 1905, p. 27 et suiv.

que, « de toutes les questions juridiques soulevées « par la reconnaissance légale du droit de coalition, « et par le mode pratique du fonctionnement de ce « droit, sous le régime capitaliste actuel, celle-ci est « incontestablement la plus grave ».

L'exactitude de cette proposition se vérifiera, pensons-nous, pleinement par la suite de nos développements. Dès à présent, il nous suffira, pour la mettre en lumière, de dégager d'un mot l'idée fondamentale en laquelle se condense l'orientation générale de notre recherche.

C'est une constatation banale à force de vérité que les rares textes du Code civil et des lois postérieures qui l'ont modifié ou complété, susceptibles de s'appliquer au contrat de travail, ont uniquement en vue la solution de contestations présentant un caractère individuel et nées à l'occasion d'un contrat particulier intervenu entre deux personnes déterminées.

L'article 1780 du Code civil, modifié par la loi du 27 décembre 1890, qui proclame la faculté de résiliation unilatérale du louage de services fait sans détermination de durée, l'art. 1142 du même Code, aux termes duquel toute obligation de faire se résout, en cas d'inexécution, en dommages-intérêts, les art. 1146 et suivants, qui établissent les règles fixant l'étendue de la responsabilité contractuelle, l'art. 1184, enfin, qui organise la résolution des conventions pour inexécution par les parties de leurs engagements, sont les principaux, sinon les seuls textes auxquels on puisse songer à faire appel pour donner un fondement légal à l'effet juridique de la grève sur le contrat de travail; or, ces textes n'ont jamais prévu, dans la pensée du législateur, que des conventions isolées, dans lesquelles se trouvent en présence deux droits individuels, le droit du maître et le droit de celui qui a engagé ses services, pour reproduire la terminologie archaïque de 1804.

Des textes destinés à régler un conflit de cette nature doivent inévitablement présenter la rigidité que comporte toute solution conçue dans un sens individualiste; car l'interprétation de la volonté de celui des deux contractants qui cesse d'exécuter la convention ne peut, en fait, être douteuse. Le patron qui congédie son ouvrier, l'ouvrier qui quitte son patron, accomplit un acte dont la portée intentionnelle n'est pas discutable, et qui consomme une rupture définitive entre l'un et l'autre par le fait de l'un d'eux. Le législateur, pour cette situation simple, pouvait formuler un principe ferme et inflexible, s'en remettant, pour la vérification des conditions de fait de son application, à la sagesse des tribunaux.

La grève fait apparaître à première vue un résultat identique à celui de la rupture d'un contrat individuel. Ce résultat, c'est la cessation du travail. Et l'idée peut-être séduisante, par sa rigueur superficielle, d'adapter isolément à chacun des contrats dont l'exécution se trouve arrêtée par l'état de grève, les règles édictées par la loi pour servir de sanction à l'inexécution d'un contrat particulier. C'est sur cette idée que vit actuellement, nous le verrons, la jurisprudence française.

Nous ne voulons pas, en ce moment, préjuger la question de savoir si cette conception est imposée par la loi actuelle, au point de ne pouvoir subir, sans illégalité, une déviation dans une voie plus libérale; ce qui est bien certain en tout cas, et ce qui apparaît, nous pouvons bien le dire, au premier examen, c'est qu'elle est directement contrariée par la réalité des faits.

La volonté collective de ceux qui refusent de continuer le travail ne peut visiblement recevoir la même interprétation que la volonté de l'individu qui l'abandonne isolément. L'acte matériel est le même; mais l'intention est entièrement différente, on peut même dire qu'elle est inverse. L'objectif des grévistes, bien loin d'être la séparation définitive d'avec l'industrie à laquelle ils apportaient leur travail, n'est-il pas de réintégrer en masse l'établissement de leur patron après la solution du conflit soulevé entre eux et lui? Et cette réintégration n'est-elle pas l'invariable et nécessaire solution de la lutte qui s'est engagée, quel qu'en soit d'ailleurs le vainqueur?

Il est donc impossible d'assimiler l'abstention collective à l'abstention individuelle. L'abstention individuelle marquera dans l'immense majorité des cas, qu'elle soit l'exercice d'un droit ou un manquement à la foi du contrat, la volonté du contractant de se dégager pour toujours, dans son intérêt particulier, du lien obligatoire qu'il entend rompre; l'abstention collective traduira au contraire celle de ne suspendre que pour un temps, en vue d'un intérêt de revendication commune, souvent morale autant que matérielle, l'exécution du pacte de travail.

Notre législation actuelle permet-elle de faire à cette interprétation de volonté collective, dans la solution des contestations relatives au contrat de travail, la part qu'elle réclame, et quelle serait en tous cas la part qui devrait lui être législativement faite?

Tel est, dans sa formule la plus générale, l'objet de cette étude. Il serait superflu d'insister sur l'intérêt juridique et sur l'utilité sociale qu'elle présente.

L'intérêt juridique est manifeste.

La jurisprudence a, jusqu'à présent, résisté à l'orientation nouvelle que nous venons d'esquisser à grands traits. Elle s'en est tenue strictement aux textes de notre législation civile, qui lui ont paru rendre inéluctable le « *Non possumus* » qui résume son système, et elle a refusé d'accorder une place à l'élément intentionnel que les travaux des auteurs les plus récents lui reprochent avec vivacité de négliger.

Est-il téméraire de prévoir qu'elle sera, un jour ou l'autre, contrainte de suivre le mouvement d'idées vers lequel la doctrine cherche à l'entraîner? — Nous ne le pensons point, et ce ne serait pas le premier exemple de la répercussion exercée sur les décisions judiciaires par une construction doctrinale qui n'est, après tout, dans le cas particulier, nous aurons à le démontrer, que la résultante d'une donnée économique.

Il existe d'ailleurs une raison de fait qui, sur une question, on peut le dire, doctrinalement née d'hier, peut expliquer la stagnation de la théorie jurisprudentielle. Cette raison consiste dans la rareté relative des espèces. Alors que la rupture individuelle du contrat de travail a engendré et engendre quotidien-

nement d'innombrables litiges, la cessation collective
du travail semble n'avoir donné naissance qu'à un
nombre très limité de contestations judiciaires, res-
treintes d'ailleurs à l'hypothèse de la grève, celle du
lock-out n'ayant encore, à notre connaissance, fait
surgir aucun procès. Et la force des choses le veut
ainsi. La fin d'une grève implique et suppose en fait
une solution qui, souvent transactionnelle, emporte
avec elle, même si elle assure la victoire d'un parti
sur l'autre, une sorte d'amnistie morale qui ne laisse
guère place aux représailles. Après la lutte, après
les pertes, sinon les ruines qu'une grève laisse derrière elle, patrons et ouvriers ont autre chose à faire
que s'absorber dans les soucis et les préoccupations
d'instances judiciaires; un besoin mutuel de pacification, né de la nécessité commune, les rapproche
dans une œuvre de relèvement et de réparation.

Il n'en est pas moins indispensable que les uns et
les autres sachent quels droits leur confère et quelles
obligations leur impose le contrat de travail dont la
grève est venue interrompre l'exécution matérielle.
Le capital et le travail constituent de nos jours deux
puissances rivales dont l'harmonie importe au plus
haut point à la sécurité et au développement des nations libres. Cette harmonie trouvera un important
facteur dans toute clarté jetée sur les rapports des
patrons et des ouvriers. Tout effort tenté dans ce but,
si modeste qu'il soit, n'est donc pas seulement une
contribution à la vérité juridique; il constitue aussi
une œuvre socialement utile. Nous espérons pouvoir
en fournir la preuve lorsque, parvenu au couronnement de notre travail, nous constaterons qu'une ré-

forme s'impose pour corriger l'imperfection de la réglementation législative actuelle du droit de grève.

* *

Le point de départ essentiel de toute étude est une question bien posée. Dégager d'une façon nette la difficulté à trancher est faire le premier pas vers la solution.

Nous voudrions nous inspirer de ce précepte, et reconnaître avant toutes choses le terrain sur lequel nous nous engageons. Ce sera facile si nous allons du connu à l'inconnu, et commençons par établir avec certitude une base qui, acceptée par tous, formera comme la matière première que nous aurons à façonner et à transformer au contact des situations diverses qui s'offriront à notre examen.

Cette base n'est autre que le rappel des principes qui régissent le contrat de travail, sous le double rapport de la sanction attachée à l'inéxécution de l'obligation qu'il fait naître à la charge de l'ouvrier, et de ses modes de dissolution : ces deux points de vue sont les seuls qui nous intéressent.

L'obligation pesant sur l'ouvrier en vertu du contrat synallagmatique de travail consiste à fournir, *tant que le contrat subsiste*, le travail promis dans les conditions expressément ou tacitement déterminées par la convention (1). Cette obligation étant une

(1) Nous faisons abstraction, comme étrangères à notre sujet, de certaines obligations d'un caractère réglementaire imposées à l'ouvrier, notamment la possession de certains livrets.

obligation de faire, à l'exécution de laquelle l'ouvrier ne peut être directement contraint, son inexécution se résout en dommages-intérêts (art. 1142, C. civ.). Et la faute, née *ex contractu*, que commet l'ouvrier qui ne fournit pas les services convenus, est sanctionnée par une double action : d'une part, une action en résolution du contrat, que le patron peut exercer en vertu de l'art. 1184 et qui entraîne, si elle est accueillie, la rupture du lien contractuel qui le liait à l'ouvrier, d'autre part, une action en dommages-intérêts qui lui permettra d'obtenir condamnation à la somme d'argent représentative du préjudice qui lui est causé, dans les termes des art. 1149, 1150 et 1151.

Pour se soustraire à cette responsabilité contractuelle, l'ouvrier doit prouver que l'inexécution de son obligation a pour cause la force majeure ou le cas fortuit (art. 1148); à défaut par lui de faire cette démonstration, il demeure tenu des conséquences de cette inexécution.

Tout ceci n'est que l'application du droit commun de tous les contrats. Mais nous avons eu soin de faire une réserve. *Tant que le contrat subsiste*, avons-nous dit : et cette remarque, qui pourrait, par son évidence, sembler surabondante, n'est nullement une banalité; car le contrat de travail peut être soumis à un mode exceptionnel d'extinction qui modifie gravement la situation créée aux contractants par le fait matériel de la cessation du travail promis par l'ouvrier. Nous faisons ainsi allusion à la distinction capitale qui doit être faite entre le contrat de travail à durée déterminée et le contrat de travail à durée indéterminée.

Le contrat de travail à durée déterminée n'appelle aucune observation spéciale. Il est soumis au principe général d'après lequel une convention, avant son expiration normale par l'un des modes d'extinction appropriés à sa nature, ne peut prendre fin que par le concours des volontés des deux parties. Les modes d'extinction du contrat de travail à durée déterminée étant l'arrivée du terme, la mort de l'ouvrier, et la faillite du maître sous certaines conditions, les deux parties ne pourront, à défaut de l'un de ces événements, se délier que par leur mutuel consentement. Et il sera entièrement exact de dire que, sauf l'hypothèse d'une force majeure ou d'un cas fortuit, l'inexécution par l'ouvrier de son obligation de fournir le travail convenu entraînera à sa charge la responsabilité contractuelle dont nous avons parlé, et qui se traduira par le droit pour le patron d'obtenir à son encontre la résolution du contrat et des dommages-intérêts.

Il en est tout autrement du contrat de travail à durée indéterminée. La règle d'ordre public édictée par l'art. 1780 du Code civil, d'après laquelle « on « ne peut engager ses services qu'à temps ou pour « une entreprise déterminée », entraîne comme conséquence nécessaire le droit pour chacune des parties de mettre fin au contrat par sa seule volonté. Le Code civil de 1804 n'avait pas expressément mentionné ce mode spécial d'extinction : la jurisprudence l'avait néanmoins reconnu. Et la loi du 27 décembre 1890 est venue lui donner la consécration législative en disposant, par addition complémentaire à l'art. 1780, que « le louage de services, « fait sans détermination de durée, peut toujours « cesser par la volonté d'une des parties contrac- « tantes ».

Cette faculté de congé unilatéral n'a pas seulement pour résultat de créer, par dérogation au droit commun, un mode particulier d'extinction du contrat de travail à durée indéterminée; elle réagit d'une façon très remarquable sur le caractère juridique du fait de l'ouvrier qui cesse de fournir les services promis et sur la sanction que comporte ce fait. En mettant à part, en effet, la supposition purement théorique d'un ouvrier cessant isolément et volontairement de travailler sans avoir l'intention de mettre fin au contrat, il est certain que, pratiquement, la manifestation de la part de l'ouvrier de l'usage de sa faculté de congé s'exprimera par la cessation du travail, qui impliquera sa volonté de faire cesser le contrat. Et alors le fait qui, dans le contrat de travail à durée déterminée, apparaissait comme une faute contractuelle et un manquement à l'obligation née de la convention qui engageait, par suite, la responsabilité contractuelle de son auteur, n'est plus, dans le contrat de travail à durée indéterminée, que *l'exercice d'un droit*, et d'un droit puisé dans la convention elle-même, exclusif dès lors de toute responsabilité *ex contractu*, comme de toute sanction de cette nature. Ce fait ne peut plus être un manquement au contrat, puisque, au moment même où il se produit, le contrat disparaît et s'efface.

Ce fait est-il, pour autant, à l'abri de toute sanction? Cela ne pouvait pas être : car la responsabilité n'est pas nécessairement exclue par l'exercice d'un droit. Le brocard : *nemo damnum facit qui suo jure utitur*, n'est une vérité que dans sa généralité. L'usage d'un droit peut dégénérer en une faute s'il est *abusif* : abuser d'un droit n'est pas l'exercer, puisque c'est sortir des limites dans lesquelles doit se renfermer celui qui l'exerce. L'ouvrier, comme le patron d'ailleurs, peut donc encourir une responsabilité, en faisant cesser par sa seule volonté le contrat de travail, s'il exerce dans des conditions abusives sa faculté de congé unilatéral. Et c'est ce qu'a proclamé le même art. 1780, dans sa rédaction nouvelle du 27 décembre 1890 : « Le louage de ser- « vices, fait sans détermination de durée, peut tou- « jours cesser par la volonté d'une des parties « contractantes. Néanmoins, la résiliation du con- « trat par la volonté d'un seul des contractants peut « donner lieu à des dommages-intérêts ».

Nous n'avons pas, pour les besoins de notre étude, à aller plus loin dans cette analyse du droit commun, et à rechercher, soit les circonstances constitutives de l'abus du droit unilatéral de congé, soit les règles qui président à la fixation de l'indemnité. Ce que nous avons à constater, c'est que cette faute résidant dans l'exercice abusif de ce droit, et la responsabilité qui en dérive, n'est plus une faute et une responsabilité contractuelle, mais une faute et une responsabilité *délictuelle* ou *quasi-délictuelle*, née *ex delicto* ou *quasi ex delicto*. Elle ne peut être contractuelle, puisqu'au moment même où elle paraît, il n'y a plus de contrat. C'est ce qu'écrit M. Pic,

dans son *Traité élémentaire de Législation industrielle* (2ᵉ édit., nº 1175, p. 862), et nous n'avons pas
rencontré de divergences sur ce point.

Il y a cependant une confusion à éviter dans cet
ordre d'idées. Dans une situation spéciale, la cessation d'un contrat de travail à durée indéterminée
pourra donner lieu à l'allocation de dommages-intérêts à l'encontre de celui qui y a mis fin, en raison
d'une responsabilité, non pas délictuelle, mais contractuelle, sans qu'il y ait entre cette solution et celle
qui précède aucune contradiction. Il en sera ainsi
quand le congé aura été donné sans l'observation
du *délai de prévenance* ou *de préavis* expressément
ou tacitement stipulé lors du contrat. Le congé
brusque porte alors atteinte à une convention accessoire, juxtaposée au contrat de travail; et la faute
consistant à n'avoir pas respecté cette convention
est bien réellement de nature contractuelle (1); ce
n'est pas une faute délictuelle.

Tels sont les principes que nous avons cru devoir
dégager pour en faire l'assise première et le point
de départ de notre étude. Nous l'avons fait dans les
limites que nous avons estimées nécessaires; la
transition va s'enchaîner d'elle-même.

Ces principes, qui ont été puisés dans le droit
commun du contrat de travail, s'appliquent sans
modifications concevables au contrat individuel. Ils
régissent la situation créée par le fait d'un ouvrier
isolé qui, agissant individuellement, vient à cesser

(1) Voir en ce sens les observations présentées par M. l'avocat
général Feuilloley, sous Cass. req., 18 mars 1902, D. P. 1902, I, 323.

de fournir le travail convenu. Ce fait recevra, selon les cas et selon le caractère du contrat, les sanctions que nous avons précisées.

En sera-t-il de même de la cessation collective du travail résultant de l'état de grève ?

Ces quelques mots contiennent à la fois, dans toute sa simplicité initiale et dans toute son ampleur progressive, le sujet de notre étude.

Situation exceptionnelle en fait, la grève entraînera-t-elle en droit des solutions dérogatoires à ce droit commun du contrat de travail? Atténuera-t-elle les responsabilités contractuelles ou délictuelles qui pèseraient sur chacun des ouvriers qui y participent s'ils avaient agi isolément? Donnera-t-elle à la collectivité des droits plus larges qu'à l'individu?

Non, répond la jurisprudence; car la collectivité ne peut avoir plus de droits que l'individu.

Oui, répond au contraire la doctrine (1); car le fait de la collectivité a une portée plus haute que le fait de l'individu.

Nous aurons à choisir.

Et notre sujet se divise ainsi tout naturellement de la façon suivante.

Un premier chapitre sera consacré à l'exposé du

(1) Lorsque nous parlons de la doctrine, nous n'entendons pas affirmer que tous les auteurs, qui ont eu à apprécier le système de la jurisprudence, l'ont unanimement combattu; nous verrons au contraire que quelques-uns l'ont approuvé. Nous voulons dire que, si l'on se réfère aux études les plus récentes, les tendances doctrinales se séparent nettement des tendances jurisprudentielles, et c'est pour cette raison que, cette explication donnée, nous croyons pouvoir, sans commettre d'erreur, opposer la doctrine à la jurisprudence.

système assimilateur de l'acte individuel et de l'acte collectif, qui applique à la situation créée par la grève les règles empruntées au droit commun du contrat de travail.

Un second chapitre contiendra l'examen critique de ce système et des solutions proposées par les auteurs.

C'est de cet examen critique que se dégageront les éléments de notre théorie, dont une *conclusion* résumera la formule et les résultats pratiques, en même temps qu'elle exprimera les desiderata que nous paraîtra comporter l'imperfection de la réglementation législative actuelle du droit de grève.

CHAPITRE PREMIER

Exposé, dans son principe et ses conséquences, du système assimilateur de la cessation individuelle et de la suspension collective du travail.

———————

En dépit de quelques résistances isolées, la thèse proclamée par les décisions judiciaires se résume en cette formule négative, que la grève n'apporte aucune modification à l'application des principes qui régissent le contrat de travail individuellement envisagé. La cessation collective du travail n'engendre dans les rapports du patron et de chacun des ouvriers grévistes aucune conséquence autre que celles qu'entraîne le même fait émané d'un seul ouvrier. En cas de grève, chacun des contrats qui lient individuellement chacun des ouvriers au patron doit être considéré comme s'il était seul, en détachant l'acte matériel d'abstention et l'intention qui le domine, de l'acte et de l'intention identiques des autres grévistes.

C'est, on le voit, dans toute la force du mot, une théorie *individualiste*.

Nous allons en parcourir les différents résultats pratiques, en faisant fonctionner avec les jugements et les arrêts les règles de droit commun qui appar-

2

tiennent au contrat de travail et que nous avons rappelées. Mais nous voudrions auparavant reproduire le raisonnement sur lequel se fonde l'idée générale, afin de pouvoir ultérieurement en apprécier la valeur.

C'est dans les conclusions de M. l'avocat général Feuilloley devant la Chambre des requêtes, à l'occasion d'un débat portant sur l'inobservation par un ouvrier gréviste d'un délai de prévenance de huitaine (Cass. req. 18 mars 1902, D. P. 1902, I, 323), que nous rencontrons l'exposé le plus net du principe.

« C'est alors, et je dirais, volontiers, en désespoir
« de cause, a dit M. l'avocat général Feuilloley, que
« le pourvoi émet cette prétention véritablement
« exorbitante, que le délai de prévenance ne doit
« pas être observé en cas de grève ; que la grève
« est, non seulement un acte licite, mais l'exercice
« du droit naturel et supérieur de travailler ou de
« ne pas travailler, droit consacré par la loi, et
« qu'aucune sanction pénale, ni même civile, ne
« peut, ni directement, ni indirectement, en entraver
« l'exercice, hormis le cas de menaces, de violences
« ou de manœuvres frauduleuses. Ainsi, selon le
« pourvoi, la brusque cessation du travail, au
« mépris d'une convention expresse ou tacite, *qui*
« *serait passible de dommages-intérêts s'il s'agissait*
« *d'un acte individuel, ne saurait motiver aucune*
« *condamnation, s'il s'agit d'un acte collectif ou*
« *corporatif.* Singulier système, en vérité, et combien
« dangereux ! *Et où donc, dans quel texte, le pourvoi*
« *trouve-t-il cette distinction entre l'acte individuel et*
« *l'acte corporatif?* Oui, assurément, la grève est

« l'exercice d'un droit! Et il est bien loin de ma
« pensée de chercher à en entraver l'exercice;
« *mais un droit, si étendu qu'il soit, trouve toujours*
« *sa limite dans le droit d'autrui, et surtout dans le*
« *respect des conventions.* A côté des droits, dont on
« parle trop souvent, il y a les devoirs, dont on ne
« parle pas assez. Si c'est un droit, pour les ouvriers
« et les patrons, de faire la grève, *c'est un devoir*
« *pour eux de tenir leurs engagements! Où donc a-t-*
« *on vu que l'état de grève crée des droits particu-*
« *liers aux grévistes, ou les délie de leurs engage-*
« *ments?* Qu'on m'en cite un seul exemple! Est-ce
« que l'état de grève dispense le gréviste de payer
« son loyer, ses fournisseurs et les dettes qu'il a
« contractées? *Pourquoi, dès lors, serait-il dispensé*
« *d'exécuter les obligations de faire qu'il a contrac-*
« *tées envers son patron? Est-ce que les obligations*
« *qui dérivent du contrat de louage de services sont*
« *moins respectables que celles qui découlent du*
« *contrat de vente ou de bail?* Et ce que je dis des
« ouvriers, je le dis, bien entendu, des patrons.....
« Comment, sous prétexte de faire la grève, des
« patrons pourraient-ils impunément et impudem-
« ment violer la loi du contrat et *faire à la masse de*
« *leurs ouvriers ce qu'ils ne pourraient pas faire à un*
« *seul d'entre eux individuellement congédié?* Voilà,
« cependant, où, par une juste et nécessaire récipro-
« cité, il en faudrait venir si l'on suivait la théorie
« du pourvoi. L'exposer, c'est la condamner, n'est-il
« pas vrai! »

M. Pic nous paraît injuste envers l'éminent magistrat qui a prononcé ces paroles, dans lesquelles

le développement oratoire ne nuit en rien à la
vigueur de l'idée, lorsqu'il écrit, dans son article
précité (1), que l'argument essentiel, sinon unique,
de la thèse jurisprudentielle se réduit au syllogisme
suivant : « *La collectivité ne peut pas avoir plus de*
« *droits que l'individu.* Or, un ouvrier isolé ne pour-
« rait pas, sans s'exposer à une action de dommages-
« intérêts, dénoncer brusquement et sans préavis le
« contrat de travail; *donc* cette faculté n'appartient
« pas davantage aux ouvriers coalisés ».

Il y a dans l'argumentation, que nous avons ci-
dessus reproduite, autre chose que cette affirmation
en forme de théorème : M. l'avocat général Feuilloley ne se borne pas à poser ses prémices, il s'ef-
force de les justifier; et, si nous ne nous trompons
pas, sa pensée à ce point de vue est double. — *a*) Il
constate d'abord qu'il n'existe aucun texte qui puisse,
de loin ou de près, servir de base à la distinction de
l'acte individuel et de l'acte collectif (2). Et il
demande où serait dès lors, en l'absence d'un texte,
la base juridique de cette distinction. C'est là un
argument de droit, qui s'inspire de cette maxime
souvent citée : *lex non distinguit.* — *b*) Il soulève en
second lieu résolument le conflit du droit de grève
et du droit né du contrat, et il les met en balance.
Le second lui paraît supérieur au premier : pourquoi? Parce qu'il est *d'origine conventionnelle,* et

(1) P. 30 et 31.
(2) Nous préférons dire : acte collectif, au lieu de : acte corporatif. Car la grève n'est pas une corporation : ce n'est qu'un grou-
pement, et le mot : collectif, plus vague et plus ample, convient
mieux à cette situation.

qu'il n'existe pas d'exemple que l'état de grève crée des droits particuliers aux grévistes et relâche à leur profit le lien juridique né de la convention. Et il cite les contrats qu'ils ont passés avec d'autres que leur patron, avec le propriétaire qui les loge, avec les fournisseurs qui leur vendent les objets de leur consommation, avec les prêteurs qui leur ont fait des avances... Sur ces conventions-là, l'état de grève est sans effet, il ne modifie pas les obligations qu'elles imposent à l'ouvrier. Pourquoi en serait-il autrement du louage des services intervenu entre le patron et l'ouvrier, qui fait naître des obligations tout aussi respectables que celles qui découlent de la vente ou du bail? Cette manière de raisonner a un nom : elle s'appelle l'argument d'analogie.

Telle est la théorie formulée au nom de la jurisprudence par l'un de ses plus autorisés représentants, qui trouvera sa formule concise dans le tranchant des arrêts : assimilation complète, et dans leur nature et dans leurs conséquences, de l'abstention individuelle et de l'abstention collective.

Cet exposé doit se compléter par une solution sur laquelle la jurisprudence est également à peu près unanime et qui trouve ici sa place logique.

Nous avons dit, et nous rappelons, que celui des deux contractants qui manque d'exécuter l'obligation qui est à sa charge, ne peut se soustraire à la responsabilité contractuelle qu'il encourt, qu'en établissant qu'il a été empêché d'exécuter par la force majeure ou le cas fortuit. Les ouvriers grévistes recherchés à raison de la cessation de leur travail, ne pouvaient manquer d'introduire dans leur défense

cet élément de justification. Ils l'ont précisé en sou-
tenant que la grève constituait *un évènement de force
majeure*, qui les mettait à l'abri de toute responsabilité. Les tribunaux ont fait à cette prétention une
réponse qui n'était encore de leur part que l'application du droit commun, et qui aboutissait à une distinction entre ce que l'on a appelé le gréviste
volontaire et le gréviste involontaire.

Le gréviste involontaire est celui qui, sans s'asso-
cier à l'entente concertée que suppose la grève, est
dans la nécessité matérielle de suspendre son travail,
soit parce qu'il y est contraint par la violence matérielle dont usent vis-à-vis de lui ses camarades, soit
parce que la grève entraîne dans le fonctionnement
de l'entreprise ou de l'industrie, à laquelle il est attaché, une telle désorganisation qu'aucun travail ne
reste possible dans aucune des branches de cette
entreprise ou industrie : ce sont, par exemple, dans
une usine mue par la vapeur, les chauffeurs qui se
mettent en grève et qui privent tous les ateliers de
force motrice. Il est trop clair qu'à cet ouvrier vio-
lenté ou immobilisé, la cessation de son travail n'est
pas imputable à faute, et qu'il se heurte, pour le
fournir, à un obstacle de fait insurmontable dont la
cause lui est étrangère et qui constitue bien le cas
de force majeure.

Mais, hors cette situation spéciale, la notion juridique de la force majeure ne se conçoit plus. L'ouvrier ne peut plus en effet, pour justifier sa participation au mouvement gréviste, invoquer que l'entraînement de l'exemple, que la contagion des passions
qui s'agitent autour de lui, que les liens de solidarité

morale qui l'unissent à ceux qu'il imite. Certes, on
ne peut nier que cet entraînement, cette contagion
et cette solidarité ne soient, dans une certaine mesure, des réalités avec lesquelles les faits contraignent
à compter, et que souvent la liberté morale de l'ouvrier ne soit influencée par l'effervescence dont s'accompagne toute agitation gréviste. Mais la jurisprudence ne voit point là la force majeure, juridiquement
parlant. Ce n'est pas l'obstacle absolu et extérieur
qui s'oppose au travail. Le gréviste qui, pouvant
travailler, cesse de le faire, accomplit un acte volontaire et délibéré, à l'occasion duquel il a une option
à exercer entre son devoir légal de contractant et
l'attirance du milieu de camaraderie dans lequel il
vit (1). Il assume donc en connaissance de cause
les conséquences de la violation de son contrat (2).

(1) L'exactitude de cette proposition n'est pas contrariée par une
décision récente de la Cour d'Aix, du 23 nov. 1904 (D. P. 1905, 2,
121), d'après laquelle un syndicat professionnel peut valablement se
réserver, par ses statuts, la faculté d'exclure de son sein tout syndiqué qui porterait atteinte aux intérêts de la Chambre syndicale
et, spécialement, celui qui continuerait à travailler quand la grève
a été régulièrement déclarée.

Comme le remarque très justement M. Planiol, dans la note qu'il
a consacrée à cet arrêt, « l'ouvrier syndiqué n'est pas *obligé* de faire
« grève ; il est seulement forcé d'opter entre les inconvénients et les
« avantages que lui offre le syndicat ». Il n'y a donc pas force
majeure.

(2) Trib. comm. Tarare, 30 déc. 1890, *La Loi*, 31 janv. 1891. —
Trib. civ. Seine, 5 août 1893, *La Loi*, 17 août 1893. — Trib. paix
Paris, 27 déc. 1899, *La Loi*, 20 déc. 1899. — Trib. comm. Lyon,
12 janv. 1900, D. P. 1900, 2, 199. — Dijon, 3 juill. 1900, D. P. 1901, 2,
250. — Trib. civ. Montbéllard, 25 juill. 1900, sous Cass. req.,
18 mars 1902, Sir. 1903, 1, 465. — Cass. req., 18 mars 1902, Sir. 1903,
1, 465, et la note de M. Z..., III ; D. P. 1902, 1, 323, et les conclusions déjà citées de M. l'avocat général Feuilloley. — Douai,
23 nov. 1903, *Rec. Gaz. Trib.*, 1904, 1er sem., 2e part., p. 288. —
Fuzier-Herman, *Répert. génér. alph. du droit franç.*, vo louage

Le système jurisprudentiel ainsi connu dans sa conception directrice, il s'agit d'en déduire les applications pratiques. Elles sont simples comme le principe lui-même.

Nous les envisagerons, successivement, vis-à-vis du contrat de travail à durée indéterminée, vis-à-vis du contrat de travail à durée déterminée, et vis-à-vis de la convention dite « de prévenance ou de préavis ».

§ 1er. Du Contrat de travail à durée indéterminée.

A. — LE PRINCIPE

Résiliation du Contrat de travail par l'effet de la Grève.

Pratiquement, le contrat de travail à durée indéterminée est la forme normale des rapports conventionnels du capital et du travail.

d'ouvrage, de services et d'industrie, n° 211. — Hamelet, *La Grève, étude critique de législation et de jurisprudence*, thèse, Paris, 1903, p. 187 et suiv. — Baudry-Lacantinerie et Wahl, *Traité théor. et prat. du dr. civ. du contrat de louage*, n° 1506 et 1507.

En sens contraire : Cons. prudh. Tarare, 20 oct. 1890, réformé sur appel par jugement précité du Trib. comm. Tarare du 30 déc. 1890, *La Loi*, 31 janv. 1891. — Cons. prudh. Milan, industr. text., 31 juill. 1901, rapporté en note par M. Z..., sous Cass. req., 18 mars 1002, Sir. 1903, 1, 465.

Il va de soi que nous n'avons pas à examiner la question, complétement étrangère à notre étude, de savoir si la grève exonère le patron des engagements qu'il a pris vis-à-vis des tiers autres que ses ouvriers, et constitue, à leur égard un événement de force majeure.

L'ouvrier, dont la force du travail est la seule ressource et dont la vie matérielle et celle des siens sont liées à l'emploi salarié de cette force, n'a aucune raison pour en restreindre l'engagement à une durée fixe : car les besoins auxquels il est dans sa condition de pourvoir par la location de ses services sont des besoins indéfinis dans le temps.

Quelle est donc, d'après la jurisprudence, l'influence, sur ce contrat à durée indéterminée, de la cessation du travail produite par la grève? Le principe d'assimilation dont elle part lui dictait la réponse. La cessation individuelle du travail par un ouvrier isolé entraîne la résiliation du contrat, comme étant de sa part la manifestation de la volonté d'exercer la faculté de congé unilatéral qui lui est reconnue. La cessation collective par suite de la grève entraîne la même conséquence : elle met fin à tous les contrats individuels passés entre chacun des grévistes et le patron, par la volonté et du fait des ouvriers. L'art. 1780 du Code civil s'applique de la même façon aux deux situations.

Sur ce point, la jurisprudence est compacte (1).

(1) Toulouse., 20 juill. 1896, sous Cass. req., 29 juin 1897, D. P. 97, 1, 537. — Cons. prudh. Seine, 18 déc. 1899, Rec. Cons. prudh., 1900, p. 230. — Trib. civ. Chalon-sur-Saône, 28 mars 1900, et Dijon, 3 juill. 1900, D. P. 1901, 2, 250. — Cass. req., 18 mars 1902 (solut. implic.), Sir. 1903, 1, 465; D. P. 1902, 1, 323. — Trib. comm. Seine, 6 août 1902 (solut. implic.), D. P. 1904, 2, 219. — Cass. civ., 4 mai 1904, D. P. 1904, 1, 289. — Cons. prudh. Amiens, 11 mai 1904, Pand. fr., Rec. pér., 1905, 2, 62. — Nancy, 20 juin 1904, Rec. Nancy, 1904, p. 214.

En sens contraire : Trib. paix, Châtel-sur-Moselle, Bull. off. trav., 1904, p. 993. — Cons. prudh. Milan, industr. text., 31 juill. 1901, rapporté en note par M. Z...., sous Cass. req., 18 mars 1902, Sir. 1903, 1, 465.

La formule employée par beaucoup de décisions est que la grève implique la rupture du contrat.

M. Planiol, dans une note qui rappellera notre attention ultérieurement (Note sous Cass. Civ., 4 mai 1904, D. P. 1904, I, 289), observe avec finesse, mais non sans quelque malice, que ce mot de « rupture » est équivoque, et que « c'est sans doute ce qui l'a fait accepter si facilement par la jurisprudence ». Effectivement ce mot, qui n'est pas dans la loi, a un sens mondain qui peut désigner exactement la mésintelligence et l'état de lutte qui séparent le patron et ses ouvriers grévistes, mais qui ne convient pas, à raison de son vague, à la définition de la situation juridique créée par le congé unilatéral ouvert par l'art. 1780 à l'un ou l'autre des deux contractants. Un terme seul peut désigner cette situation, qui consomme la destruction juridique du contrat, c'est le mot de « *résiliation* ». Il est légal, puisqu'il est écrit dans l'art. 1780 : il est théoriquement exact. Nous l'avons seul employé jusqu'ici et nous continuerons à l'employer seul (1). Aussi bien la Cour de cassation s'abstient-elle de parler de « rupture » du contrat; et voici en quels termes elle s'exprime dans l'arrêt de principe précité du 4 mai 1904 : « Attendu... « que le louage de services, fait sans détermination

_____

(1) A la *résiliation*, nous opposons la *résolution*. La première anéantit le contrat, en dehors de toute idée de faute contractuelle, par l'effet de la volonté commune, ou unilatérale, dans les cas où celle-ci suffit, des parties contractantes. La seconde, hors le cas où le contrat est assorti d'une condition résolutoire expresse, l'anéantit par l'effet de l'inexécution des obligations créées par le contrat, et elle implique essentiellement une faute contractuelle à la charge de celui des contractants contre qui elle est prononcée. Cette distinction est à ne pas perdre de vue.

« de durée, peut toujours prendre fin par la volonté
« d'une des parties contractantes ; — *que la grève y*
« *met fin du fait des ouvriers* et qu'elle peut donner
« lieu à des dommages-intérêts, à la charge de ceux-ci
« et au profit du chef de l'entreprise, si, préjudiciable
« à ce dernier, elle a été abusivement déclarée ».

Cette solution entraine avec elle un certain
nombre de conséquences qu'il est du plus haut intérêt de mettre en lumière.

B. — LES CONSÉQUENCES

1re Conséquence :
Dommages-intérêts.

La première consé...ence réside dans l'application
aux ouvriers qui, se mettant en grève, résilient le
contrat, de la disposition de l'art. 1780 du Code civil
permettant au patron d'obtenir une condamnation à
des dommages-intérêts, à la condition qu'il soit établi
que l'usage du droit de grève, qui se confond avec
l'exercice de la faculté unilatérale de résiliation, ait été
un usage abusif.

C'est bien ce que proclame expressément l'arrêt
de la Chambre civile du 4 mai 1904, aux termes duquel une grève, mettant fin au contrat du fait des
ouvriers, peut donner lieu à des dommages-intérêts
à leur encombre si, ayant causé un préjudice au patron, elle a été *abusivement déclarée* (1).

' (1) Add : Cons. prudh. Saint-Etienne, 30 Janv. 1869, D. P. 70, 3,
38. — Trib. paix Charleroi, 10 mai 1890, *Rev. législ. mines*, 1890,
p. 252. — Trib. paix Hirson, 17 oct. 1891, même revue, 1892, p. 182.
— Trib. paix Seraing, même revue, 1893, p. 315. — Trib. paix
Carvin, 16 Janv. 1904, *Bull. off. trav.*, 1904, p. 225.

La Cour suprême transporte, on le voit, purement et simplement à la résiliation résultant de la grève le principe de la responsabilité *ex delicto*, que nous avons précédemment mis en relief et qui dérive à la charge de celui qui résilie le contrat de *l'abus* de son droit de résiliation.

Notons bien que cet abus ne suppose pas nécessairement l'inobservance de la convention dite « de préavis »; nous avons montré, plus haut, qu'en pareil cas, la responsabilité n'est plus fondée sur l'abus du droit de résiliation, mais sur la violation d'une convention accessoire juxtaposée au contrat de travail. Il s'ensuit, ainsi que le remarque exactement M. Pic (1), que l'absence de convention de *préavis*, même la suppression expresse et formelle par un règlement d'atelier, de l'inobservation d'un délai-congé, laissera néanmoins les ouvriers exposés à une condamnation à des dommages-intérêts, à raison de la résiliation du contrat de travail du fait de la déclaration de la grève, si celle-ci est abusive.

2ᵉ Conséquence :

Refus de réintégration des ouvriers grévistes.

La seconde conséquence pratique du principe jurisprudentiel est celle qui confère au patron le droit absolu de ne pas reprendre les ouvriers grévistes à la fin de la grève, le cas excepté, bien entendu, dans lequel il en aurait pris l'engagement

---

(1) Pic, art. précité, p. 35.

au cours des négociations ou dans l'arrangement
final.

Ce droit du patron n'est pas à justifier dans le
système de la jurisprudence; il n'est que la déduction logique et insurmontable du point de départ.
Si la grève a mis fin aux contrats qui liaient les grévistes à leur patron, il tombe sous le sens que ce
dernier est absolument maître, la grève terminée,
de les réembaucher ou de s'y refuser. Le patron, qui
n'est plus dans les liens du contrat vis-à-vis des ouvriers grévistes, a recouvré à leur égard son entière
liberté de contracter ou de ne pas contracter, et nulle
puissance humaine, hormis le législateur, ne peut le
contraindre à former une convention qu'il ne veut
pas conclure (1).

Un jugement du Conseil des prud'hommes de Roubaix, du 9 juin 1891, avait cependant décidé le contraire. « Attendu, portait ce jugement, que la loi du
« 5 mai 1864 a autorisé la grève; que conséquem-
« ment, Motte et Picavet ont, à tort, renvoyé Brouck
« (Brouck faisait partie d'une grève qui s'était dé-
« clarée dans la filature de Motte et Picavet, et

---

(1) Trib. comm. Roubaix, 6 août 1891, *La Loi*, 4-5 oct. 1891 ; *Gaz.
Pal.*, 91, 2, 446. — Trib. civ. Seine, 5 août 1893, *La Loi*, 17 août 1893.
— Trib. comm. Seine, 30 janv. 1894, *Gaz. Pal.*, 94, 1, 516. — Trib.
paix Paris, 27 déc. 1899, *La Loi*, 29 déc. 1899. — Trib. civ. Montbéliard, 25 juill. 1900, Sir. 1903, 1, 465. — Cons. prudh. Amiens,
11 mai 1904, *Pand. fr. pér.*, 1905, 2, 62.

Il est à remarquer que beaucoup de ces décisions donnent à la
solution d'autres formules. Elles ne disent pas que le patron a le
droit de congédier l'ouvrier qui, ayant cessé le travail, demande à
le reprendre ; elles disent, tantôt que cet ouvrier a lui-même rompu
le contrat, tantôt que le patron est fondé à le considérer comme
démissionnaire, tantôt qu'il est en droit de le révoquer. Au fond, e
résultat est identique.

« lorsque Brouck s'était présenté quelques jours
« plus tard pour reprendre son travail, ses patrons
« lui avaient déclaré ne plus pouvoir user de ses
« services; ce que voyant, il les avait actionnés en
« dommages-intérêts) ». Mais ce jugement a été
infirmé sur appel par le Tribunal de commerce de
Roubaix le 6 août 1891 (cité note p. 29).

La Cour de cassation n'a pas eu, à notre connaissance, à formuler cette solution; elle en a néanmoins
implicitement reconnu l'exactitude dans son arrêt
du 4 mai 1904.

Après avoir déclaré que la grève met fin au louage
de services du fait des ouvriers, la Chambre civile
continue ainsi : « ...Qu'il suit de là que, la grève ter-
« minée, lorsque les ouvriers rentrent à l'atelier, à
« l'usine ou à la mine, *un nouveau contrat de louage*
« *de services*, quelles qu'en soient les conditions, se
« forme entre eux et le chef de l'entreprise... ». C'est
là reconnaître nécessairement le droit du patron de
ne pas reprendre les ouvriers grévistes, puisque, s'il
intervient entre lui et ceux qui rentrent à l'usine un
nouveau contrat, ce contrat émane de la libre volonté
des contractants et spécialement du chef d'entreprise
qui, l'ayant consenti, pouvait s'y refuser.

3me Conséquence :

Calcul du salaire de base en cas d'accident du travail.

La Cour de cassation a considéré que son système
sur la résiliation du contrat de travail à durée indéterminée comportait une troisième conséquence, se
référant au calcul du salaire de base devant servir,

en cas d'accident du travail, et conformément aux dispositions de la loi du 9 avril 1898, à la détermination des indemnités forfaitaires établies par cette loi.

Aux termes de l'article 10, § 1, le salaire de base, « s'entend, pour l'ouvrier occupé dans l'entreprise « pendant les douze mois écoulés avant l'accident, « de la rémunération effective qui lui a été allouée « pendant ce temps »; et, d'après le § 2 du même article, le salaire, « pour les ouvriers occupés pen- « dant moins de douze mois avant l'accident, doit « s'entendre de la rémunération effective qu'ils ont « reçue depuis leur entrée dans l'entreprise, aug- « mentée de la rémunération moyenne qu'ont reçue, pendant la période nécessaire pour compléter les douze mois, les ouvriers de la même catégorie ».

La mise en œuvre de cette disposition a soulevé certaines difficultés nées de l'interruption possible du travail par l'effet d'un chômage : et l'on s'est mis d'accord assez aisément pour établir une distinction entre le chômage volontaire, qui a pour résultat de réduire le salaire de base en proportion de la période durant laquelle l'ouvrier a cessé de travailler, et le chômage forcé et exceptionnel, dont l'ouvrier ne doit pas souffrir et qui n'a pas pour effet d'abaisser le salaire (1).

L'hypothèse où l'interruption du travail est la conséquence de la grève a, au contraire, soulevé une controverse, dans laquelle la Cour de Cassation a

(1) Voir sur cette distinction, aujourd'hui législativement consacrée par la loi récente du 2 avril 1905, Planiol, note sous Cass. Civ., 4 mai 1904, D. P. 1904, 1, 289. — Pic, art. précité, p. 39 et 40.

introduit comme motif péremptoire de décision le principe de la résiliation du contrat de travail par l'effet de la grève.

Prenons une espèce : Un ouvrier est entré au service d'une entreprise le 1er janvier 1904; il a été victime d'un accident du travail le 1er février 1905; mais il s'était associé le 1er avril 1904 à une grève qui avait duré trois mois, et à la suite de laquelle, le 1er juillet 1904, il avait réintégré l'entreprise. Comment calculer son salaire de base?

Deux modes de calcul pouvaient se concevoir.

On pouvait d'abord considérer l'ouvrier comme rentrant dans la catégorie de ceux employés pendant les douze mois écoulés avant l'accident; il fallait, semble-t-il, pour cela, admettre que le contrat avait subsisté pendant la période de grève et, qu'au moment de sa réintégration, l'ouvrier n'avait fait que continuer, bien que l'ayant suspendue durant cette période, l'exécution de ce contrat, qui n'avait pas, un seul instant cessé d'exister. Dans cette conception, le salaire de base de cet ouvrier devait être calculé conformément à l'alinéa 1er de l'art. 10 et s'entendre par conséquent de la rémunération effective qui lui avait été allouée pendant les douze mois antérieurs à l'accident, c'est-à-dire, dans l'exemple que nous avons choisi, du 1er février 1904 au 1er février 1905. Se posait alors la question de savoir si l'on devait ou non faire entrer dans ce salaire la portion correspondante au temps qu'avait duré la grève et, ainsi formulée, la question ne pouvait guère se solutionner autrement que par l'application de la distinction faite plus haut entre le chômage volontaire et le chômage involontaire. Si la grève était de celles qui avaient laissé à l'ouvrier la faculté de continuer le travail, chômage volontaire et, par suite, élimination dans le salaire de base de la période de cessation du travail; si, au contraire, l'ouvrier avait été un gréviste malgré lui, et si le travail lui avait été rendu impossible par les circonstances mêmes de la grève, constitutives d'un évènement de force majeure (1), ce qu'il appartient au juge d'apprécier, chômage involontaire et dès lors compte à tenir dans le salaire de base de la rémunération moyenne afférente à cette période.

La consécration par la Cour de Cassation du principe de la résiliation, et partant de l'anéantissement, du contrat par l'effet de la grève ne pouvait, sans inconséquence, lui permettre d'approuver le mode de computation qui vient d'être exposé. Car, si elle tenait le contrat pour non-existant pendant la période de la grève, et si elle considérait qu'un contrat nouveau se forme au moment de la reprise du travail, elle était conduite par une invincible logique à ranger l'ouvrier dans la catégorie de ceux occupés depuis moins de douze mois dans l'entreprise et à calculer son salaire de base conformément aux dispositions du § 2 de l'art. 10 de la loi du 9 avril 1898, c'est-à-dire en complétant la période courue depuis la reprise du travail par la rémunération moyenne reçue, pendant le surplus des douze mois, par les ouvriers de la même catégorie, et ce, sans avoir à se préoccuper du caractère volontaire ou involontaire de la participation de l'ouvrier à la grève.

(1) Voir *supra*, p. 21 et 22.

3

Ces deux modes de calcul du salaire de base ont été suivis en jurisprudence.

Le premier a été adopté par plusieurs décisions de tribunaux ou de cours d'appel, qui ont compris dans le salaire de base ou en ont rejeté la rémunération moyenne afférente à la période de grève, selon que la part qu'y a prise l'ouvrier victime de l'accident a paru volontaire, ou que la cessation du travail lui a été imposée, malgré lui, par une force supérieure à sa volonté (1).

Chose curieuse : le tribunal de Chalon-sur-Saône, et la Cour de Dijon qui avait adopté les motifs du jugement, posaient déjà le principe de la résiliation du contrat de travail par l'effet de la grève. « At-
« tendu, disait le Tribunal, qu'il y a lieu d'observer
« que la grève rompt le contrat de louage existant ;
« — Que l'ouvrier et le patron sont déliés vis-à-vis
« l'un de l'autre de toute espèce d'engagement, que
« l'ouvrier cesse d'appartenir à l'usine, et que si,
« après la reprise du travail, il est à nouveau em-

(1) Trib. civ. Chalon-sur-Saône, 28 mars 1900, et Dijon, 3 juill. 1900, D. P. 1901, 2, 250. — Trib. civ. Marseille, 28 janv. 1902, *Bull. jurispr. civ. Marseille*, 1902, p. 345. — Trib. civ. Toulouse, 8 mars 1902, *Gaz. Trib. Midi*, 29 juin 1902. — Nancy, 15 juin 1903, *Rec. Nancy*, 1903, p. 275. — Douai, 24 nov. 1903, *Rec. Gaz. Trib.*, 1904, 1er sem., 2e part., p. 288.

Dans le même sens : Sachet, *Traité théor. et prat. de la législation sur les accid. du trav.*, 3e édit., nos 860 et 861, p. 415 et 416. — Loubat, *Le risque professionnel*, no 664.

Un seul auteur, M. J. Cabouat (de l'influence du chômage sur le calcul des indemnités allouées aux victimes d'accidents du travail, *Rev. trim. de dr. civ.*, 1903, p. 511), enseigne qu'en toute hypothèse, « libre ou imposée, partielle ou générale, la grève constitue une « cause de diminution du salaire réduisant d'autant le montant de « la rémunération servant de base au calcul des indemnités per-
« manentes ».

« bauché, il paraît se trouver dans la situation de
« l'ouvrier occupé depuis moins de douze mois avant
« l'accident, et doit voir son salaire calculé d'après
« les mêmes éléments d'appréciation ».

Ce principe posé devait exclure toute recherche
du caractère volontaire ou non de la participation
de l'ouvrier à la cessation du travail résultant de la
grève, et il suffisait au Tribunal et à la Cour, en appliquant l'art. 10, § 2 de la loi du 9 avril 1898, de
calculer le salaire de base en ajoutant au salaire
effectif touché depuis la reprise du travail la rémunération moyenne des ouvriers de la même catégorie pendant la période nécessaire pour compléter
les douze mois. C'était donc, de la part de ces deux
juridictions, commettre une étrange contradiction
que de se préoccuper de la question de savoir si la
cessation du travail durant la grève avait été pour la
victime un fait volontaire ou si elle lui avait été imposée.

La Cour de cassation s'est gardée de ce défaut de
logique. Par un arrêt du 4 mai 1904, elle a fait
produire à la résiliation du contrat résultant de la
grève la conséquence qu'elle comportait, en adop-
tant le second des modes de calcul que nous avons
indiqués plus haut. « Attendu, a-t-elle dit, que, si
« l'un de ces ouvriers (qui ont pris part à la grève
« et ont réintégré l'entreprise) est victime d'un acci-
« dent, avant que douze mois se soient écoulés
« depuis la reprise du travail, on ne saurait le con-
« sidérer, parce qu'il travaillait dans l'entreprise
« avant la grève, comme y ayant été occupé pen-
« dant l'année qui a précédé l'accident; que le

« salaire, qui servira de base à la fixation de la
« rente viagère qui pourra être due..., devra être
« calculé conformément aux dispositions du para-
« graphe 2 de l'article susvisé; que si la cessation
« du travail a été complète dans l'entreprise, de telle
« sorte qu'il n'y ait été payé aucun salaire pendant
« la période nécessaire pour compléter les douze
« mois, ou pendant partie de cette période, le juge
« du fait déterminera souverainement la rémunéra-
« tion moyenne des ouvriers de la même catégorie
« que la victime; qu'aucune prescription de la loi
« ne l'oblige à ne se décider que d'après les élé-
« ments d'appréciation fournis par les livres de l'en-
« treprise même où l'accident est survenu... ». Cette
solution a été depuis appliquée par un arrêt de la
Cour de Nancy du 20 juin 1901. (*Rec. Nancy*, 1904,
p. 214).

§ II. — Du Contrat de travail à durée déterminée.

Nous nous empressons de dire que c'est là, à la
différence de celle qui précède, une situation peu
pratique. La supposition que les ouvriers ne se sont
liés à leur patron que pour un temps fixé à l'avance,
six mois ou un an par exemple, est en fait difficilement acceptable (1). Elle est cependant possible : et,

(1) Il arrive très fréquemment que des ouvriers sont embauchés
pour un certain travail, tel que la construction d'une ligne de che-
min de fer, d'un canal, etc... Le contrat est-il alors à durée déterminée, bien qu'incertaine ? M. Hamelet le soutient (thèse déjà citée,
p. 155). Nous croyons le contraire, au moins s'il s'agit de travaux
d'une certaine durée. L'incertitude qui règne sur la date de la termi-
naison du travail, dont la durée peut se prolonger, à raison de

si elle se présentait, il est bien certain que les tribunaux, en appliquant leur principe d'assimilation de
l'acte collectif à l'acte individuel, seraient nécessairement conduits à reconnaître au patron le droit de
tenir pour une inexécution de la convention, imputable à faute aux ouvriers grévistes, la cessation du
travail, et de demander à leur encontre, comme
conséquences de cette inexécution, la résolution du
contrat et des dommages-intérêts.

§ III. — De la Convention dite « de prévenance » ou « de préavis ».

Il s'agit ici d'une convention accessoire au contrat
de travail à durée indéterminée, qui s'incorpore à
lui, et d'après laquelle il est expressément ou tacitement convenu que la faculté réciproque de résiliation unilatérale ne pourra être exercée qu'à la
condition que le travail devra continuer à être fourni
pendant un certain temps à partir de la dénoncia-
tion du congé. Cette convention peut être expresse :
elle résulte alors d'une disposition du règlement
d'atelier que les ouvriers acceptent par le fait de

---

circonstances fortuites, bien au-delà du délai prévu à l'origine, ne
permet pas de faire rentrer cette situation dans le contrat de travail
à durée déterminée. Comment admettre que des ouvriers, s'embau-
chant pour une entreprise qui peut durer plusieurs années, enten-
dent renoncer au droit de résiliation ouvert à leur profit par
l'art. 1780 du Code civil ? Ils n'envisagent pas, en contractant, l'é-
chéance inconnue de la convention : la durée de leur engagement
leur apparaît comme indéterminée par cela seul qu'il est impossible
de fixer la date à laquelle il prendra fin par l'exécution du travail
entrepris.

leur entrée à l'entreprise (1) ; elle peut être tacite,
lorsqu'elle est dans l'usage et qu'à défaut de manifestation de volonté contraire, elle est présumée
agréée par les deux parties (2).

Le principe de l'assimilation de l'acte collectif à
l'acte individuel devait encore porter la jurisprudence à admettre que la violation par l'ouvrier gréviste de cette convention, résultant de la mise en
grève brusque et soudaine, non suivie de la prestation du travail pendant le temps convenu pour sa
cessation après le congé, engagerait sa responsabilité
contractuelle au regard du patron, et elle n'y a point
manqué. C'est même à ce sujet qu'a été formulée,
dans les termes reproduits plus haut, la thèse jurisprudentielle développée par M. l'avocat général
Feuilloley, et qu'a été repoussé, avec l'ardeur qu'on
se rappelle, le système du pourvoi qui voulait établir une différence de situation entre l'inobservation
du délai de prévenance par un ouvrier isolé agissant individuellement et la même inobservation
émanant de la masse des ouvriers grévistes.

Aussi bien, sur ce point comme sur les précédents,
la jurisprudence est-elle unanime (3) : « Attendu,

(1) Voir, relativement à la force obligatoire des règlements d'atelier, les autorités citées par M. Pic, dans son article précité, p. 32,
n. 1.

(2) Sur l'usage en matière de délai-congé, voir les autorités citées
dans le même article de M. Pic, p. 35, n. 1.

(3) Trib. comm. Tarare, 30 déc. 1890, *La Loi*, 31 janv. 1891. — Trib.
comm. Seine, 30 janv. 1894. *Gaz. Pal.*, 94, 1, 516. — Trib. civ. Montbéliard, 25 juill. 1900, et Cass. req., 18 mars 1902, Sir. 1903, 1, 465 ;
D. P. 1902, 1, 323. — Trib. comm. Seine, 6 août 1902, D. P. 1904, 2,
219 ; *Bull. off. trav.*, 1904, p. 532. — Trib. civ. Seine, 14 nov. 1902,
Pand. fr. pér., 1904, 2, 262. — Trib. comm. Clermont-Ferrand,
29 déc. 1903, *Bull. off. trav.*, 1904, p. 223.

« porte l'arrêt de la Chambre des requêtes du
« 18 mars 1902, intervenu sur les conclusions de
« M. l'avocat général Feuilloley, que Loichot, ouvrier
« serrurier au service d'Hufflen, ayant de son plein
« gré quitté ce dernier pour se mettre en grève, a
« été obligé de payer une indemnité de 28 francs
« *pour n'avoir point observé vis-à-vis de son patron*
« *le délai ordinaire de prévenance;* — que cette
« décision est vainement critiquée par le pourvoi ; —
« qu'il est, en effet, constaté par le jugement atta-
« qué... que, d'après l'usage existant à Montbéliard,
« le patron, comme l'ouvrier, doivent se prévenir
« une semaine à l'avance de leur intention de rom-
« pre le contrat de travail ; — *que, d'autre part, la*
« *grève, quelque légitime qu'en fût l'exercice, ne lais-*
« *sait pas moins les parties dans les liens de l'engage-*
« *ment qu'elles avaient pris d'observer entre elles*
« *les délais d'usage* ».

Doit-on considérer comme s'écartant de ce système la solution attribuée par M. Pic (1) au Conseil
des prud'hommes de Reims qui, dans deux jugements
des 30 décembre 1900 et 30 avril 1902, a envisagé
comme équivalant au préavis la démarche faite par
les délégués ouvriers auprès du Conseil pour solli-
citer son intervention amiable auprès du patron,
démarche constatée par l'envoi à ce dernier d'un avis
de comparution, ce qui conduirait à donner, à plus
forte raison, le même caractère à une démarche faite
par les coalisés, antérieurement à la déclaration de
la grève, auprès du juge de paix désigné spéciale-

(1) Art. précité, page 36.

ment par l'art. 2 de la loi du 27 novembre 1892 pour
cette mission d'arbitrage ? Nous n'oserions l'affirmer,
la forme suivant laquelle doit être observé le délai
de prévenance n'étant pas réglementée par la loi, et
la démarche dont il s'agit pouvant être interprétée
comme un avis assimilable à la prévenance.

Quoiqu'il en soit, la jurisprudence est établie et ne
paraît pas accuser de divergences.

Une décision récente du Tribunal civil de Narbonne, en date du 23 juin 1904 (1), intervenue sur
appel d'un jugement émanant de M. le juge de paix
de Lézignan, a fait une application intéressante du
système de la jurisprudence dans une situation spéciale. Il s'agissait d'un louage de services intervenu
pour les besoins d'une exploitation agricole entre un
patron et des ouvriers *payés à la journée*. Le tribunal
ayant admis en fait qu'un pareil louage de services
était un contrat à durée limitée se renouvelant chaque
jour par tacite reconduction, il a eu à résoudre la question de savoir quelle était, sur ce contrat, l'influence
d'une grève, en ce qui concerne tant la résiliation du
contrat que l'observation du délai de prévenance.

Sur le premier point, il a été décidé que le contrat de travail prenait fin, dans ce cas, dès que l'une
des parties cessait de l'exécuter; d'où la conséquence que la grève, entraînant la cessation du travail, mettait fin au contrat et que la reprise du travail
ne pouvait avoir lieu qu'en vertu d'un nouvel accord.

Sur le second point, il a réservé pour l'une et

(1) *Bull. off. trav.*, 1904, p. 802.

l'autre des parties l'obligation de ne mettre fin au
contrat qu'en se conformant pour le court délai de
congédiement à l'usage local.

La première de ces solutions n'est point, à la vérité, une conséquence du principe d'après lequel la
grève met fin au contrat de travail à durée indéterminée, puisque la convention qui était en cause avait
une durée limitée à chaque jour successif, à l'expiration duquel elle prenait fin, sauf à se renouveler
le lendemain par tacite reconduction. Il aurait fallu,
pour qu'une question pût naître relativement à l'influence de la grève sur la résiliation du contrat,
faire la supposition, dénuée d'intérêt pratique, que
le travail fût cessé au milieu de l'une des périodes
d'un jour pendant lesquelles la convention se renou-
velait successivement. Un débat n'aurait pu, sans
puérilité, s'établir sur ce terrain.

Mais la seconde décision rendue par le tribunal
civil de Narbonne rentre, au contraire, directement
dans le cadre des solutions jurisprudentielles, en
tant qu'elle astreint le patron qui congédie ses
journaliers, ou ceux-ci quittant leur patron, à observer, sans distinction entre le cas de grève et toute
autre cause de séparation, le délai de congé établi
par l'usage.

*
* *

Telle est dans tous ses développements la théorie
jurisprudentielle. Elle se caractérise, au point de vue
juridique, par l'application rigide des textes et des
principes du droit civil, et, au point de vue économique, par sa portée nettement individualiste.

CHAPITRE II

Examen critique du système assimilateur de l'acte individuel et de l'acte collectif, et des théories dissidentes des auteurs.

———————

Le système de la jurisprudence a reçu d'imposantes adhésions de la part des publicistes et des jurisconsultes (1).

M. Hamelet, dans sa thèse précitée (p. 153 et suiv.), paraît même considérer qu'aucune discussion n'est possible sur le principe. « Si les ouvriers, écrit-il, « cessent le travail avant l'expiration du délai pour « lequel ils ont été engagés, il est *évident* qu'ils ne « sauraient être admis à prétendre que la violation « du contrat de travail, dont ils se sont rendus cou-

———

(1) Paul Leroy-Beaulieu, De la nécessité de préciser le droit de grève (*L'Économiste français*, 17 août 1895, p. 205). — Jocelyn Ferrand, *De la résiliation du louage de services à durée indéterminée*, thèse, p. 322. — Liborel, *De la grève dans ses rapports avec le droit*, thèse, p. 196. — Bouloc, Conférence à la Société d'Économie Sociale, séance du 9 février 1903, *Réforme sociale*, 1903, 5ᵉ série, t. V, p. 712 et suiv. — Demogue, *Rev. trim. de droit civil*, 1902, p. 894. — Donadéï, *Conséquences du droit de grève au point de vue pénal et au point de vue civil*, thèse, p. 140. — *Le Temps*, nᵒ du 16 mai 1904. — *Journal des Débats*, nᵒˢ 14-18 mai 1904. — Dall. alph., *Suppl. au Rép.*, vᵒ louage d'ouvrage et d'industrie, nᵒ 40; vᵒ travail, nᵒ 657.

« pables, a eu pour effet de détruire celui-ci... Le
« contrat de louage est un contrat synallagmatique ;
« si donc les ouvriers cessent de remplir leur obli-
« gation, qui est de travailler, le patron peut deman-
« der des dommages-intérêts et la résolution du con-
« trat... Les ouvriers ne seront pas admis à pré-
« tendre, en réponse à l'action en résolution, que la
« grève, étant l'usage d'un droit, ne saurait être une
« cause de résolution : par le contrat de louage, ils
« ont, en effet, renoncé, pour un certain temps, à
« l'exercice de ce droit ». M. Hamelet se sépare toutefois sur un point du système de la jurisprudence,
en admettant que, dans certains cas, qu'il présente
comme exceptionnels, la grève, à la différence de la
cessation de travail individuelle, n'entraîne pas la
résiliation du louage de services à durée indéterminée. Il en doit être ainsi, selon cet auteur, lorsque
la grève n'a pas pour objet d'amener une modification au contrat de travail, mais seulement d'obtenir
une réforme étrangère à la convention (1).

Le Ministre du Commerce et de l'Industrie n'a-t-il
pas proclamé lui-même, dans sa circulaire du 23 janvier 1893, relative à l'application de la loi du 27 décembre 1892 sur l'arbitrage en matière de différends
collectifs entre patrons et ouvriers, que, « *collective*
« ou *individuelle*, la rupture du contrat de louage
« est, en effet, soumise *aux mêmes règles* » ?

Malgré ces adhésions à la thèse jurisprudentielle,

---

(1) M. Villey, *Le droit de coalition*, thèse, p. 96 et suiv., se
rallie à la même distinction.

nous croyons pouvoir dire que la tendance doctrinale, qui a trouvé son expression dans diverses
études récentes, s'accuse dans un sens nettement
contraire (1).

M. Pic, qui s'est fait le champion le plus résolu
de cette tendance, avait déjà, dans son *Traité élémentaire de Législation industrielle*, critiqué les solutions données par les tribunaux. Il a repris et déve-
loppé ses critiques dans l'article que nous avons déjà
souvent cité, et dans lequel, poussant à l'extrême la
contrariété de son principe et de celui de la jurisprudence, il n'hésite point à déclarer qu'il prend le
contre-pied de cette dernière.

Nous allons suivre, pour l'examen critique de la
tendance doctrinale, l'ordre même dans lequel nous
avons exposé le système de la jurisprudence. ·

(1) Esmein, note sous Cass., 29 juin 1897, Sir. 98, 1, 17. — Wahl,
Du motif de légitime rupture dans le contrat de louage de services,
Quest. prat. de législ. ouvr., 1903, p. 162. — Note de M. Z...., sous
Cass. req., 18 mars 1902, Sir. 1903, 1, 465, VI. — Planiol, note sous
Cass. civ., 4 mai 1904, D. P. 1904, 1, 289. — P. Pic, *Traité élémentaire de législation industr.*, 2e édit., nos 323 et suiv., p. 200 et suiv.
— De Seilhac, *Les grèves*, 1903, p. 75. — G. Sorel, Les théories con-
tredites par les faits, *Science sociale*, oct.-nov. 1900, p. 435 et 436. —
Uhry, Les grèves devant les tribunaux, *Mouv. socialiste*, 5 juill.
1902. — Briquet, La grève et le contrat de travail, *Revue socialiste*,
1904, p. 723. — Lévy-Uhlmann, Lettre au « *Réveil du Nord* »,
no du 20 mai 1904. — Jaurès, « *L'Humanité* », nos des 13-16-19 mai
1904. — P. Pic, De la rupture ou de la suspension d'exécution du
contrat de travail par l'effet des grèves ouvrières ou des lock-outs
patronaux, *Rev. trim. de dr. civ.*, 1905, no 1, p. 27. — Georges
Ponsot, « *La République du Jura* », no du 2 juin 1905.

§ Ier. — Du Contrat de travail à durée indéterminée.

A. — LE PRINCIPE

Maintien du Contrat durant la grève.

Nous rappelons que la jurisprudence, assimilant l'acte collectif à l'acte individuel, voit dans la déclaration de la grève la manifestation de la volonté des ouvriers de résilier le contrat et d'y mettre fin. La doctrine la plus récente formule la proposition diamétralement contraire. La grève ne met pas fin au contrat de travail qui continue d'exister, malgré elle et tant qu'elle dure; elle en suspend simplement l'exécution pour un temps plus ou moins long. Le lien juridique né du contrat entre le patron et ses ouvriers n'est pas brisé par la grève; il subsiste au contraire, nonobstant l'absence matérielle des ouvriers de l'usine et la cessation du travail. La situation est celle d'un contrat inexécuté, mais subsistant.

Nous en viendrons bientôt aux conséquences de cette idée fondamentale; nous ne voulons pour le moment que rechercher la base sur laquelle se peut asseoir la conception de la survivance du contrat à la cessation du travail.

Tous les partisans de cette conception la fondent sur une appréciation de volonté.

La grève, dit M. Esmein à la fin d'une note qu'il a consacrée à un arrêt de la Cour de cassation du

29 juin 1897 (Sir., 98, 1, 17), suppose chez les ouvriers « la volonté de maintenir le contrat, de rester
« les employés du patron ».

« La plupart du temps, dans l'esprit des parties
« en présence, écrit M. Planiol dans sa note sous
« l'arrêt de la Chambre civile du 4 mai 1901
« (D. P. 1904, 1, 289), la grève n'équivaut nullement
« à la résiliation du contrat : ouvriers et patrons
« continuent à se croire liés les uns aux autres ; ils
« suspendent le travail, mais ils n'ont pas l'inten-
« tion de se séparer. . . . . Sans doute, cette
« façon de comprendre la grève qui a cours dans le
« monde industriel pourrait être fausse au point de
« vue juridique, mais, comme il s'agit de contrat,
« l'intention des parties doit être respectée, à moins
« qu'il n'existe quelque raison impérieuse qui s'y
« oppose. Or une telle raison n'existe pas ; personne
« n'a jamais pu la signaler ».

M. Pic (art. précité, page 44) exprime la même
idée. « Le plus sûr moyen de déterminer théorique-
« ment l'influence que *doit* exercer la grève déclarée
« sur les contrats existants, entre patrons et grévistes,
« est d'envisager *le but poursuivi*. Or, tout observa-
« teur impartial, qui examine la question sous cet
« angle, est obligé de reconnaître que le but de la
« grève n'est pas, nous dirions même *ne peut pas*
« *être* de détruire les contrats en cours, de faire
« table rase du passé, et d'édifier sur des ruines un
« contrat nouveau, sans lien juridique avec les
« accords antérieurs ».

On lit également dans un article anonyme des
Annales de Droit commercial et industriel (dé-

cembre 1904, p. 369) : « La grève, comme la coali-
« tion qui l'a précédée, est un moyen comminatoire
« et non pas une solution. Les ouvriers cherchent à
« peser sur le patron pour obtenir de lui des modi-
« fications à la convention ou le redressement
« d'abus que cette convention a entraînés à sa suite.
« Ils ne veulent pas « rompre » les rapports d'usine,
« mais seulement les « suspendre ». Cela est telle-
« ment vrai que, sitôt que le chef d'entreprise sera
« disposé à accueillir leurs réclamations, ils repren-
« dront le travail de l'atelier qui se trouvera finale-
« ment l'objet d'une simple interruption . . . .
« La grève. . . . . ne brise pas à toujours les rela-
« tions anciennes, mais paralyse le travail dê l'ate-
« lier pendant un temps plus ou moins long, en
« tenant les deux parties adverses sous le coup de
« l'émotion et de l'attente ».

Ces citations accusent suffisamment l'idée pour
que nous puissions la vérifier dans sa réalité en fait
et dans son exactitude juridique.

En fait, nous ne pouvons que l'approuver, et,
sans entrer dans l'examen détaillé des exemples
donnés par MM. Planiol et Pic à l'appui de leur
opinion, qui ne nous permettraient que des redites,
nous souscrivons entièrement à la distinction qui
sépare l'acte individuel et l'acte collectif de la cessation du travail. Lorsqu'un ouvrier isolé quitte individuellement son patron, c'est pour se détacher définitivement de lui et porter à un autre ses services;
la volonté présumée qui ressort de l'acte matériel de
la cessation du travail, et qui est de ne plus rester
dans les liens d'un contrat à l'exécution duquel l'ou-

vrier se soustrait, est pleinement d'accord avec sa
volonté réelle et effective.

Si telle était l'intention des ouvriers qui se mettent
en grève, celle-ci serait socialement un fléau com-
parable à la guerre ou aux pires cataclysmes; car
elle aurait pour double effet d'arrêter d'une manière
irréparable parce que définitive, la vie industrielle
du patron, lequel ne pourrait remplacer la masse des
ouvriers grévistes qui se seraient séparés de lui, et
de réduire ceux-ci au chômage non moins irréparable, c'est-à-dire à la misère, dans l'impuissance où
ils seraient de trouver en masse ailleurs l'emploi de
leurs services. Aussi bien, cette intention n'est-elle
pas la vraie, car elle n'est pas possible. Les ouvriers
qui déclarent la grève savent bien que la nécessité
d'éviter une double ruine les ramènera dans un
temps plus ou moins prochain à l'usine qu'ils quittent, et que l'apaisement succédera à la lutte et la
reprise du travail à son interruption.

Il est donc bien vrai que le travail n'est que suspendu
temporairement, et qu'il est entendu entre les deux partis combattants qu'il sera repris le jour du traité de paix.

Voilà la vérité en fait (1); peut-elle s'accommoder
avec les textes et avec les principes? Telle est, nous
semble-t-il, la question véritablement intéressante.

_____

(1) Le caractère collectif de la cessation du travail en cas de grève
n'a pas échappé complètement à la jurisprudence. Nous lisons dans
le jugement déjà cité du Tribunal civil de Montbéliard du 25 juillet 1900 (*Bull. off. trav.*, 1901, p. 22; Sir., 1903, 1, 465) : « Attendu
« qu'une grève n'est que *l'exercice collectif* du droit que possède
« chacun de refuser son travail ». On peut être surpris qu'à côtoyer
ainsi l'idée de l'acte collectif, les magistrats n'aient pas été conduits
aux déductions qu'elle comporte.

Il est assez remarquable qu'aucun des auteurs, qui se sont préoccupés de la résoudre, n'ait eu la pensée de rechercher si leur solution pouvait cadrer avec les dispositions de l'art. 1780 : c'était cependant la première chose à se demander, puisque cet article est le siège de la matière. Or, il nous paraît bien facile de démontrer que l'art. 1780, non seulement autorise l'interprétation de volonté qui vient d'être donnée à la cessation du travail en cas de grève, mais qu'elle lui prête encore un appui légal que nous sommes surpris, tant il est simple et tangible, de n'avoir vu relever par personne.

Que dit en effet l'art. 1780 ? — « Le louage de ser-« vices, fait sans détermination de durée, peut toujours « cesser *par la volonté* d'une des parties contrac-« tantes. — Néanmoins, la résiliation du contrat *par* « *la volonté* d'un seul des contractants peut donner « lieu à des dommages-intérêts ». Rien n'est plus clair ; lorsque la loi définit comment peut prendre fin le contrat de travail, elle ne songe pas à un acte matériel, c'est la *volonté* qui est, dans l'esprit du législateur, la cause efficiente et génératrice de la résiliation. En réalité, la résiliation comporte un double élément, matériel et intentionnel. De même qu'une simple expression de la volonté de mettre fin au contrat serait impuissante par elle-même à produire cet effet si elle ne s'accompagne pas de l'acte matériel de la cessation du travail, de même cet acte matériel est atteint de la même impuissance s'il n'est pas vivifié par une volonté conforme ; car il n'est plus alors de la part de celui qui, cessant le travail, n'a pas la volonté de faire cesser le contrat, qu'une inexécution susceptible d'entraîner une résolution à son encontre, mais exclusive d'une résiliation unilatérale provoquée par lui. Il y a à cet égard un rapprochement qui vient naturellement à l'esprit : le droit offre un exemple tout à fait semblable de la réunion nécessaire d'un élément matériel et d'un élément intentionnel. Il s'agit de la possession qui, dès la première analyse qu'en ont faite les jurisconsultes, est apparue comme exigeant à la fois une détention matérielle *(corpus)*, qui est le contact avec la chose, et une intention de posséder *(animus)*, qui est la volonté de s'en comporter comme maître. On pourrait dire avec la même exactitude que la résiliation unilatérale du contrat de travail suppose, elle aussi, le *corpus* et l'*animus* et qu'elle exige le concours de l'acte et de la pensée.

L'art. 1780, en faisant de la volonté le fondement de la résiliation, impose donc nécessairement la recherche de l'intention qui a présidé à la cessation du travail ; d'où il suit que, s'il est vrai, comme nous croyons l'avoir démontré, que les ouvriers grévistes n'ont pas la volonté de mettre fin au contrat et n'ont d'autre intention que d'en suspendre l'exécution, il est légalement impossible de dire que ce contrat est résilié, puisque la volonté indispensable à cet effet est absente. Et la décision de la Cour de Cassation, d'après laquelle la grève met fin au contrat, renferme une véritable violation de la loi, par le refus qu'elle implique de l'appréciation de la volonté qui est, aux termes de l'art. 1780 du Code civil, une condition essentielle de la résiliation.

Cette justification juridique de notre système

pourrait nous dispenser d'en chercher une autre.
Par sa simplicité et sa netteté, elle se suffit à elle-
même ; aussi ne jugeons-nous pas qu'il soit besoin,
comme M. Pic l'a cru, d'exhumer l'antique distinction des contrats de droit strict emprisonnés dans
la conception formaliste du *jus civile* des Romains
et des contrats de *bonne foi* qui forment notre droit
commun d'aujourd'hui. L'art. 1780 fournit à la thèse
défendue par le savant auteur une assise moins
lointaine et plus sûre.

M. Planiol, qui n'a pas aperçu davantage l'argument de texte péremptoire déduit de l'art. 1780,
qui, loin de là, semble insinuer que la façon de
comprendre la grève qui a cours dans le monde
industriel peut être fausse au point de vue juridique, a voulu préciser l'effet sur le contrat de la
suspension du travail par la grève : « Il est facile de
« comprendre, dit-il, à l'aide d'idées juridiques très
« simples, que le travail soit suspendu sans que le
« contrat de louage soit résilié. Il suffit de se reporter
« à la distinction toute naturelle entre *l'existence ju-*
« *ridique* d'un contrat, et son *exécution matérielle*; son
« existence est un état de droit, son exécution est un
« fait, qui peut manquer sans que la validité, ni, à
« plus forte raison, l'existence du contrat soit com-
« promise. Combien y a-t-il de contrats parfaite-
« ment valables qui restent plus ou moins long-
« temps sans exécution?... La grève est donc tout sim-
« plement un *refus temporaire d'exécution*, quelque
« chose d'analogue au droit de rétention du vendeur,
« ou, d'une façon plus générale, à l'exception *non*
« *adimpleti contractus*, qui n'est qu'une fonction

« spéciale de l'exception de dol, et qui n'a rien de
« commun avec la résolution ou la résiliation d'un
« contrat ». M. Pic reproduit d'ailleurs cette explication et se l'approprie telle quelle.

Incontestablement, l'idée est exacte. Puisque la
grève ne met pas fin au contrat de travail, il est manifeste que ce contrat est, pendant la période de
grève, un contrat existant et inexécuté. Mais cette
constatation est-elle complète? Et l'analyse ne peut-
elle pas être poussée plus loin? Nous estimons, pour
notre part, qu'il y a une autre donnée essentielle à
dégager, qui sera susceptible de réagir et de se ré-
percuter sur l'application du principe, en facilitant
la justification de certaines solutions assez mal établies jusqu'ici. Cette donnée est la suivante.

Dans un contrat particulier, l'intérêt de celui qui,
volontairement ou par simple négligence, n'exécute
pas son obligation, est un intérêt individuel. Quelle
que soit la cause dont procède l'inexécution, qu'il
s'agisse du dol ou de la simple faute, l'intérêt des
contractants seul est en jeu, et c'est pourquoi une
partie n'a jamais le droit de ne pas exécuter volontairement ses engagements.

L'inexécution du contrat de travail, lorsque la
grève éclate, offre un tout autre aspect. Chacun des
travailleurs qui se mettent en grève, individuellement
considéré, n'aurait pas, dans l'immense majorité
des cas, à la cessation du travail, un intérêt personnel suffisant pour la justifier. Ceci est évident dans
toutes les grèves qui, n'ayant pas pour but un relèvement du salaire ou un abaissement de la durée du
travail, ont pour cause un intérêt moral, comme le

renvoi d'un contremaître ou la réintégration d'un
ouvrier congédié, ainsi que dans les grèves dites de
solidarité ou de sympathie, qui n'ont d'autre raison
d'être qu'un concours donné à d'autres grévistes.
Même, lorsque le but poursuivi est l'amélioration des
conditions matérielles du travail, notamment l'augmentation du salaire, il ne peut pas davantage s'agir
d'un intérêt individuel qui, faute de sanction, serait
isolément réduit à l'impuissance. C'est donc d'un
intérêt collectif que la grève a pour objectif d'assurer
la protection, et c'est ce caractère collectif qui donne
à l'inexécution du contrat de travail une légitimité
dont le législateur lui-même a dû reconnaître le principe en proclamant le droit de grève. Cette idée a
été esquissée, avec une portée sur laquelle nous faisons d'ailleurs toutes réserves, dans l'article anonyme
déjà cité des *Annales de Droit commercial et indus-*
triel (p. 371). « L'entente des ouvriers, lisons-nous
« dans cet article, peut atteindre juridiquement des
« résultats plus amples que ceux que la volonté du
« seul travailleur lui permettrait de réaliser. Cette
« entente purifie en quelque sorte le refus de conti-
« nuation du travail du vice dont il aurait souffert
« si l'individu avait agi isolément. Elle n'est ni le fait
« du caprice, ni celui du manque de foi ».

Pour tout dire, en un mot, l'inexécution du contrat
résultant de l'état de grève ne peut être comparée à
l'inexécution d'un contrat particulier parce qu'elle a
un but et une fonction économiques. Et si, sous le
rapport juridique, l'analyse qu'a faite M. Planiol de
la situation créée par la grève au contrat de travail
existant, mais temporairement inexécuté, est une

analyse exacte, elle part d'un point de vue trop étroit;
car elle laisse dans l'ombre la face vraiment utile et
féconde de la question, celle par laquelle elle se dé-
tache du droit commun, celle qui contient en germe,
à l'appui des solutions nouvelles vers lesquelles s'ef-
force la doctrine, des justifications qu'il serait
malaisé de trouver ailleurs.

La grève, envisagée sous l'angle économique, est
donc exclusivement un procédé de combat et un
instrument de lutte, employés dans un but concerté
en vue d'obtenir une satisfaction déterminée, à laquelle est subordonnée, dans l'esprit des coalisés, la
reprise du travail. Il ne s'agit pas pour les ouvriers
de se soustraire individuellement à l'obligation au
travail qui pèse sur eux en vertu du contrat, puisque
l'exécution de cette obligation est nécessaire à leur
existence et à celle des leurs. S'ils cessent de travailler, ce n'est point parce qu'ils ne veulent plus travailler; c'est, au contraire, pour contraindre leur
patron à leur procurer le travail qu'ils se sont engagés à lui fournir dans des conditions, ou moralement
plus dignes, ou matériellement plus fructueuses.

On peut mesurer par là à quel point la thèse individualiste adoptée par la jurisprudence tient peu
compte, à l'inverse de ce qui se produit d'ordinaire,
des éléments de fait de la question portée devant
elle. Entre les magistrats et les jurisconsultes, les
premiers sont à coup sûr mieux placés que les se-
conds pour pénétrer la volonté et l'intention qui président aux actions humaines, parce qu'ils sont plus
près des réalités concrètes de la vie. Et voilà cependant que, dans une matière où la loi proclame elle-

même que la volonté est tout, puisque c'est par elle
que prend fin le contrat, les tribunaux paraissent
l'ignorer, et que ce sont les auteurs qui sont obligés
de la leur montrer. Il n'y a à cette contradiction
qu'une explication : c'est que les litiges mettent le
juge en présence des intérêts isolés des plaideurs,
ce qui le conduit naturellement à les envisager sous
la forme d'apparent individualisme qu'ils affectent à
sa barre. C'est ainsi que s'éclipse et s'efface l'élément
intentionnel qui, négligeable lorsque la cessation du
travail est le fait d'un individu, ne prend son importance qu'à la condition d'être examiné comme
manifestation de volonté collective.

Le jour où la jurisprudence cessera de détacher
l'acte du gréviste de ceux de ses coalisés, le jour où
elle cessera de voir les conséquences immédiates,
pour tel particulier, d'un acte de grève et ne verra
plus que les résultats économiques et sociaux de la
grève, le jour où, pour apprécier cet acte, elle
l'absorbera dans l'ensemble indivisible de l'acte
collectif, sa conception se renversera et se réunira
nécessairement à la nôtre.

Nous pensons avoir justifié d'une façon complète
le principe de la survivance à la grève du contrat
de travail à durée indéterminée. Nous ne pouvons
cependant omettre de signaler certaines tentatives
faites pour chercher à lui donner encore d'autres
bases dont il nous semble qu'il peut et doit se passer.

Nous ne signalons que pour mémoire l'argumentation tirée par M. Pic, dans son article précité (p. 50
et suiv.), de l'évolution historique du droit de grève.

Cette recherche a fourni au savant auteur l'occasion
de quelques pages précieuses comme tableau en rac-
courci de ce qu'il appelle le *processus* de la législation ouvrière. Et certes, nous approuvons sans
réserves la conclusion par laquelle il les couronne,
lorsqu'après avoir parcouru les diverses étapes du
développement de cette législation « dans le sens
« d'une reconnaissance de plus en plus nette et
« catégorique des droits de la collectivité ouvrière »,
il en arrive à « montrer à quel point il est étrange
« de voir la jurisprudence s'emparer de cette dispo-
« sition (de l'art. 1780 nouveau du Code civil),
« manifestement édictée dans l'intérêt de la classe
« ouvrière, pour faire échec au droit de grève dans
« ses manifestations les plus légitimes ». Oserons-
nous dire pourtant que, pour si intéressant qu'il
soit, ce point de vue ne peut, à nos yeux, rien
ajouter à la démonstration théorique que nous
avons faite? Il faut être sincère : ni dans la loi du
27 décembre 1890, qui a complété l'ancien art. 1780
du Code civil de 1804, ni dans aucune autre loi, le
législateur n'a jusqu'à présent voulu déterminer l'effet de la grève sur le contrat de travail. Il n'a même
pas saisi, nous le verrons, l'occasion que lui offraient
de le faire les modifications apportées récemment
par la loi du 2 avril 1905 à celle du 9 avril 1898 sur
les accidents du travail. Que l'art. 1780 nouveau
permette de faire état de l'interprétation de la
volonté collective qui inspire la grève pour déclarer
que l'acte matériel de la cessation du travail ne suffit pas à mettre fin au contrat : c'est ce que nous
croyons avoir établi. Mais il serait certainement

inexact de dire que cette solution a été prévue et
voulue par cette disposition légale, les travaux préparatoires n'y faisant aucune allusion et ne visant
uniquement que le contrat individuel. Il ne peut
donc y avoir dans l'évolution historique des lois
ouvrières une base législative et juridique au système que nous avons défendu avec les écrivains les
plus récents : tout au plus serait-il possible d'y trouver une tendance laissant entrevoir plus ou moins
prochainement en ce sens une intervention directe
du Parlement. M. Pic l'avoue lui-même implicitement lorsqu'il remarque (article précité, p. 50, n. 1),
« que la question étudiée au texte ne se poserait
« même plus si le Parlement venait à adopter l'un
« des nombreux projets déposés sur le bureau des
« Chambres en vue d'*organiser* la grève. Il est évi-
« dent en effet, d'une part, que l'adoption de la pro-
« position Beauregard, tendant à interdire sous
« certaines sanctions civiles ou pénales les grèves
« déclarées brusquement, sans préavis, serait la
« consécration de la thèse jurisprudentielle ; tandis
« qu'à l'inverse cette théorie cesserait d'être soute-
« nable si le Parlement croyait devoir voter, soit
« l'un des projets tendant à rendre *obligatoire*, en
« cas de conflit collectif, la comparution en conci-
« liation, soit à plus forte raison le projet Millerand,
« basé sur la combinaison du contrat libre et de
« l'obligation et sur l'institution de conseils d'usine
« avec arbitrage obligatoire dans les établissements
« industriels de l'État, ainsi que dans les établisse-
« ments privés dont les chefs auraient au préalable
« accepté le régime nouveau ». N'est-ce pas confes-

ser qu'en l'état actuel le législateur ne s'est pas encore prononcé, et que, si l'interprétation de volonté qui permet de maintenir le contrat de travail malgré la grève est autorisée par les textes existants, elle n'est jamais entrée spécialement dans ses prévisions, et qu'elle n'est, comme tant d'autres constructions juridiques qui se sont fixées en dehors de toute intervention législative (1), qu'une mise en œuvre de principes empruntés au fond commun du droit naturel et non contrariés par les dispositions du droit positif?

M. Jean Jaurès, ferme partisan, est-il besoin de le dire, de tout système favorable à la cause ouvrière, s'est placé à un autre point de vue et a imaginé une explication d'ordre purement juridique qui mérite une attention spéciale. « En cette période de progrès « rapides, écrit-il dans son journal l'*Humanité* (n° du « 16 mai 1904), de brusques transformations tech- « niques et économiques, le contrat de travail est « nécessairement associé à l'universelle évolution.... « Les ouvriers qui louent leur ouvrage pour une « durée indéterminée ne renoncent certes pas aux « améliorations que peut amener le cours du temps. « Ainsi la possibilité permanente de la revendica- « tion est *enveloppée* dans le contrat de travail des « sociétés modernes : et comme *la loi reconnaît que* « *cette revendication peut prendre la forme de la* « *grève, le droit de la grève est inclus lui aussi dans*

---

(1) La théorie de l'assurance sur la vie en est l'exemple le plus frappant.

« *le contrat;* il y est implicitement reconnu. *Le droit*
« *de grève, bien loin d'être la rupture du contrat, est*
« *l'exercice d'une des clauses implicites et essentielles*
« *du moderne contrat de travail* ».

L'idée est brillante comme sa formule; nous ne
croyons pas cependant qu'elle doive intervenir pour
justifier le principe du maintien du contrat de travail
à durée indéterminée pendant l'état de grève. Si,
en effet, la grève ne manifeste pas la volonté de
mettre fin au contrat, mais seulement celle d'en
suspendre temporairement l'exécution, il est inutile
de recourir à la conception d'un pacte tacite adjoint
au contrat pour expliquer qu'il soit maintenu. Le
contrat subsiste tout simplement parce qu'il n'est pas
résilié, la volonté nécessaire à la résiliation étant
absente; et il n'est pas besoin de supposer que l'ouvrier met en mouvement un droit né à son profit d'une
convention implicite incluse dans le contrat, puisqu'il
suffit de constater qu'il n'exerce pas, en se mettant en
grève, son droit de congé unilatéral. Par contre, si
l'idée émise par M. Jaurès n'apporte rien au principe, elle est susceptible de réapparaître dans la
recherche des conséquences de ce principe, et nous
allons la retrouver bientôt dans l'examen de l'une
de ses applications pratiques, auxquelles nous
sommes ainsi naturellement conduit.

B. — LES CONSÉQUENCES

1re Conséquence :

Dommages-Intérêts.

La première déduction qui découle de notre principe réside évidemment dans l'impossibilité pour le patron d'obtenir à l'encontre des ouvriers grévistes l'allocation de dommages-intérêts en vertu de l'art. 1780 du Code civil, lequel, nous venons de le démontrer, est hors de cause. Le contrat de travail étant maintenu, il ne peut être question de dommages-intérêts réclamés à raison de sa résiliation.

Mais immédiatement naît une question, qui ne semble pas avoir été aperçue par les adversaires du système de la jurisprudence et qui est celle-ci : Le contrat subsiste, il est inexécuté de la part des ouvriers pendant la période de grève. Le patron, impuissant à demander des dommages-intérêts en vertu d'une obligation *ex delicto*, que seule pourrait faire naître l'abus du droit de résiliation, ne va-t-il pas pouvoir en demander *ex contractu*, par suite de la cessation du travail engendrant, à la charge de l'ouvrier, l'inexécution de son obligation contractuelle ?

Pourquoi non ? Se dira-t-on au prem. r abord. L'ouvrier est tenu par son contrat de fournir le travail promis. Il cesse de le faire ; donc il manque à son engagement ; il commet une faute contractuelle dont il ne peut être délié que par le cas fortuit ou la force majeure, et nous savons que la grève n'est pas en principe un évènement de force majeure.

Alors à quoi bon avoir combattu et renversé le système de la jurisprudence, si on arrive au même résultat par le principe contraire, si ce n'est que la responsabilité de l'ouvrier a changé de nom, et qu'elle s'appelle une responsabilité contractuelle, au lieu de s'appeler une responsabilité délictuelle ou quasi-délictuelle? Et si, de même, par le jeu et le fonctionnement de l'action en résolution que la faute contractuelle de l'ouvrier ouvre nécessairement au patron, on aboutit encore à l'anéantissement juridique du contrat et au droit qui en résulte pour le patron de ne pas reprendre ses ouvriers? On aurait donc, après tant d'efforts, piétiné sur place sans avancer d'un pas.

L'embarras paraît grand, et il est étrange que ni M. Planiol, ni M. Pic n'aient envisagé la difficulté théorique à laquelle nous nous heurtons. Il faut l'aborder résolument; elle n'a pas été explorée jusqu'à présent comme elle devait l'être. Donnons-lui, avant toutes choses, sa forme juridique : *Étant donné que le contrat de travail à durée indéterminée existe malgré la grève, mais que son exécution est temporairement suspendue, cette suspension d'exécution engage-t-elle la responsabilité contractuelle de l'ouvrier qui y participe volontairement?*

La question, d'un haut intérêt théorique, n'a, il faut bien le reconnaître, qu'une importance pratique très limitée; car elle ne peut se poser devant les tribunaux que dans des hypothèses exceptionnelles dont il est facile de circonscrire le cadre.

Il n'est d'abord guère supposable que le patron intente une action en dommages-intérêts ou en résolution tant que dure la grève. Cette mesure, à un moment où il s'agit de trouver un terrain d'entente, serait à coup sûr inopportune ; elle serait en outre inutile, eu égard aux lenteurs de la procédure judiciaire.

La grève finie et les ouvriers rentrés à l'usine, on peut moins encore concevoir une action judiciaire dirigée contre eux. Car il est moralement impossible que le patron puisse songer à intenter un procès aux travailleurs auxquels il rouvre ses portes. L'accord intervenu entre les belligérants suppose une pacification exclusive de toutes représailles.

Le patron peut, à la vérité, refuser de réintégrer certains ouvriers, ceux, qu'à tort ou à raison, il considère comme les meneurs du mouvement. Le plus souvent, du reste, on s'arrangera pour éviter cet ostracisme, et la reprise de tous les ouvriers sera presque toujours une sage et prudente condition du pacte pacifique. Il est possible, cependant, qu'un débat puisse s'ouvrir dans ces conditions, et que le patron, refusant de réintégrer un ouvrier ou un employé, ou bien prenne l'initiative d'intenter contre lui une action en résolution avec dommages-intérêts, ou bien soit lui-même l'objet d'une action inverse et semblable (1).

(1) Nous laissons de côté les actions en dommages-intérêts qui peuvent être introduites par le patron contre des tiers promoteurs ou directeurs du mouvement gréviste et étrangers au contrat de travail. Il s'agit ici, non d'une responsabilité contractuelle, mais d'une responsabilité délictuelle basée sur l'art. 1382 du Code civil, qui ne rentre pas dans notre sujet.

Nous avons rencontré dans nos lectures un certain nombre d'idées mises en avant pour dégager l'ouvrier de la responsabilité contractuelle, que la rigueur du principe semble faire peser sur lui.

La première est que le droit de grève est une loi supérieure devant laquelle doit plier le droit du contrat : « *La grève plane au-dessus de tous les con-* « *trats*, lisons-nous dans l'article déjà cité des « *Annales de Droit Commercial et Industriel* (p. 371), « *elle est plus forte qu'eux :* Cela dit, bien entendu, « lorsqu'elle ne se complique ni de menaces, ni de « violences. *L'autorité doit la protéger*, là même où « il serait établi que les grévistes interrompent leur « engagement avant l'époque convenue et créent « à l'entreprise un dommage considérable. Le pa- « tron ne peut demander aux grévistes raison de ce « dommage. Il faudra non seulement refuser à celui- « ci la faculté d'intenter une action civile, mais « même............. lui refuser le pouvoir de signifier « congé aux ouvriers qui ont participé à la grève, « du moment que celle-ci vient à se terminer rapi- « dement, sans qu'aucun autre personnel ait été en- « gagé par le chef d'entreprise dans l'intervalle. Et « cette solution doit être tout à fait indépendante « du point de savoir si en fait la grève était ou non « justifiée, si l'événement lui a donné raison ou non, « si les ouvriers y ont eu recours d'une façon sage « et considérée. *Dans tous les cas, elle est légitime,*

« pourvu qu'elle ait été exempte des manœuvres qui
« continuent à la faire tomber sous le coup de la loi
« pénale. *Dans tous les cas, les règles ordinaires du*
« *droit des contrats plient devant elle* ».

Il est difficile de pousser plus loin l'affirmation de
la supériorité du droit de grève sur le droit né du
contrat. M. l'avocat général Feuilloley avait, on se
le rappelle, tracé pour limite infranchissable au droit
de grève le respect de la convention : « Un droit,
« avait-il dit, si étendu qu'il soit, trouve toujours sa
« limite dans le droit d'autrui, *et surtout dans le*
« *respect des conventions* » (1). A quoi l'on répond :
Non; le droit de grève, si rien de délictueux ne s'y
mélange, est, au contraire, plus fort que la convention; il la domine; il la maîtrise; elle cède devant
lui. L'antithèse, on le voit, est complète.

Il serait bon de sortir des affirmations et de
dégager une idée juridique. Or, nous ne connaissons
qu'un cas où la convention plie devant une puissance supérieure, c'est celui où l'ordre public est en
cause : « On ne peut déroger par des conventions
« particulières, porte l'art. 6 du Code civil, aux lois
« qui intéressent l'ordre public et les bonnes
« mœurs ». Voilà donc où serait le secret de cette
toute puissance du droit de grève ; ce serait un *droit*
d'ordre public, dont l'exercice, quelle qu'en soit la
cause, si inconsidéré, si injuste qu'il ait pu être,
serait toujours légitime, et effacerait tous les droits
conventionnels auxquels il aurait pu porter atteinte.
L'auteur anonyme de cette conception ne semble

(1) Voir *supra*, p. 19.

5

pas d'ailleurs très certain de son exactitude : « Que
« tel soit, en effet, l'esprit du droit de grève, écrit-il
« (p. 371), nous ne le certifions pas. Il ne paraît pas,
« en tout cas, qu'il ait été compris ainsi de la part
« de ceux qui ont accompli la grande réforme
« de 1864. Cette réforme n'avait qu'un caractère de
« droit pénal : la loi du gouvernement du second
« Empire a cessé seulement de considérer comme
« un délit... le fait de s'entendre et de se concerter
« pour suspendre le travail. Cela n'équivalait point
« à la volonté par le législateur d'ériger la grève à
« la hauteur d'un droit d'ordre public affranchi de
« toutes les entraves résultant des conventions d'ores
« et déjà conclues... La déclaration ci-dessus ne
« prétend point reproduire l'économie véritable du
« droit de grève au temps d'aujourd'hui : donnée
« comme une certitude, elle ne laisserait pas de
« présenter quelque chose de révolutionnaire. Cette
« déclaration cherche seulement à dégager scienti-
« fiquement un point de vue ».

L'auteur, on le voit, nous rend la tâche facile ;
car il a pris soin de se réfuter lui-même. La grève
est un droit, c'est incontestable ; mais tant que le
législateur n'aura pas dit, et la révolution ne serait
pas loin s'il le disait, que c'est, quelles que soient les
circonstances, un droit d'une telle puissance qu'il
brise et anéantisse tout ce qui peut s'opposer à son
exercice, il faut bien rester dans les limites tracées
par les principes généraux de notre législation civile.
Que le droit de grève puisse, dans une certaine

mesure, participer du caractère d'ordre public (1), nous l'admettons fort bien : la clause du contrat de travail par laquelle les ouvriers s'interdiraient de se mettre en grève, nous paraîtrait nulle par application de l'art. 6 du Code civil; mais ceci ne veut point dire que, la grève survenant, la convention et toutes ses suites soient toujours invariablement effacées, sans qu'aucune appréciation ne soit possible

(1) C'est pour cette raison que nous croyons que M. Hamelet commet une erreur lorsqu'il écrit, dans le passage de son ouvrage que nous avons rapporté plus haut (*op. cit.*, p. 157) que, par le contrat de louage, les ouvriers ont renoncé, pour un certain temps, à l'exercice du droit de grève, et lorsqu'il déclare (p. 166) que, si les parties avaient stipulé qu'en cas de grève le contrat serait résolu de plein droit, cette condition résolutoire expresse serait une clause parfaitement licite et devrait produire son plein et entier effet.

Le droit de grève nous semble protégé, au contraire, soit contre cette convention présumée, soit contre cette stipulation expresse, par le principe prohibitif écrit dans l'art. 6 du Code civil, car il trouve son fondement dans une considération d'ordre public.

D'ailleurs, M. Hamelet paraît se contredire lui-même. Dans un autre passage de son ouvrage (p. 171), il recherche si la grève autorise les ouvriers à ne pas observer le délai de prévenance ; et, au sujet de cette question sur laquelle nous aurons à revenir nous-même (voir *infra*, p. 115 et suiv.), il dit textuellement : « *Le droit « de grève est bien d'ordre public, en ce sens que personne ne peut, « d'une manière absolue et définitive, s'engager à n'en point user.* « Mais il en est de ce droit comme de tous les autres : on peut, par « contrat, s'engager à ne l'exercer que sous certaines conditions : « Il suffit, pour que ces conditions soient licites, qu'elles ne s'ana- « lysent pas en une prohibition. Puisque l'observation du délai de « prévenance n'empêche nullement les ouvriers d'user du droit de « grève, la clause par laquelle ce délai est stipulé est parfaitement « licite ». Nous pensons, en effet, et nous nous efforcerons de démontrer, que l'exercice du droit de grève est parfaitement com-patible avec l'observation d'un délai avant la cessation du travail ; mais, cette restriction spéciale mise à part, nous soutenons que le droit de grève ne peut faire l'objet d'une renonciation convention-nelle expresse ou tacite ; et M. Hamelet, dans les lignes que nous venons de reproduire, après l'avoir nié antérieurement, est bien obligé de le reconnaître.

sur la légitimité de la grève. N'en est-il point ainsi du droit de résiliation prévu par l'art. 1780 du Code civil, qui est d'ordre public en ce sens que les parties ne peuvent y renoncer, mais dont l'abus peut donner lieu à des dommages-intérêts ?

Cette première explication est donc inacceptable. Si l'on veut se placer sur le terrain de la comparaison de la puissance ou de la qualité respective du droit de grève et du droit qu'a le patron d'exiger le travail promis par l'ouvrier, on est invinciblement amené par la vérité juridique à reconnaître que le droit de grève ne peut pas, sans distinction et d'une façon absolue, dominer le droit conventionnel et autoriser la violation de la convention. Entre ces deux droits, la légitimité doit être la règle de la préférence et tous deux s'arrêtent là où commence l'abus. Supposer que les ouvriers pourront, dans tous les cas et à leur gré, anéantir le contrat de travail qui les lie à leur patron, ce n'est plus concevoir un état de droit, c'est se placer dans un état de fait où la force sera la règle suprême.

La seconde explication tentée pour soustraire les ouvriers à la responsabilité contractuelle résultant à leur charge de la cessation du travail nous est déjà connue : et nous l'avons indiquée par avance. Elle est contenue dans le passage plus haut reproduit de M. Jean Jaurès (1), dont nous rappelons les termes essentiels : « ... Le droit de grève est inclus... dans

(1) Voir *supra*, p. 59 et 60.

« le contrat ; il y est implicitement reconnu. Le droit
« de grève, bien loin d'être la rupture du contrat,
« est l'exercice d'une des clauses implicites et
« essentielles du moderne contrat de travail ». Ce
qui revient à dire que le recours à la grève serait
l'objet d'une *convention tacite* faisant partie inté-
grante du contrat, d'un véritable pacte adjoint
implicitement conclu, sans stipulation spéciale, entre
le patron et les ouvriers, conférant à ces derniers le
droit de cesser le travail *ad nutum*, sans avoir à
justifier d'un motif ou d'une raison quelconques, et
sans être astreints à aucune responsabilité, avec le
droit intangible d'exiger leur réintégration lors de
la reprise du travail.

Si telle a été la pensée de M. Jaurès, nous ne pouvons pas l'accepter plus que la précédente, dans sa
portée absolue : car elle nous paraît fondée sur une
interprétation de volonté de tous points inadmissible. Pour qu'une convention tacite puisse être reconnue, il faut qu'il soit possible de présumer un
accord de volontés sur l'objet de cette convention :
et c'est sur cette présomption d'accord de volontés
que reposent les nombreuses dispositions légales qui,
spécialement dans la matière des obligations, déter-
minent les règles à appliquer en l'absence de stipu-
lations expresses. La loi, en pareil cas, généralisant
une expérience accumulée, fournie par les données
de l'usage et de la pratique, suppose que, si les
parties s'étaient expliquées, elles auraient prévu
telle éventualité et auraient pris, en vue de sa réalisation, telles dispositions ; et elle érige en règles
obligatoires ces dispositions supposées. En peut-il

être ainsi, lors de la conclusion du contrat de travail, de l'éventualité de la grève? Certes, nous concédons très volontiers que la grève est actuellement un fait assez fréquent pour qu'en contractant, patrons et ouvriers envisagent sa possibilité. Mais, en résulte-t-il que leur volonté commune soit implicitement que, la grève survenant et le travail se trouvant suspendu, il n'en découlera, en aucune circonstance, contre les ouvriers qui y participeront, aucune responsabilité quelconque ? Chez les ouvriers peut-être, mais chez le patron, assurément non ; or toute convention, même tacite, implique essentiellement un concours de volontés. Nous disons que la supposition de la reconnaissance par le patron à ses ouvriers du droit de suspendre à leur gré le travail dans ses usines ou dans ses chantiers, par pur caprice et sans raison, n'est pas possible : et une pareille proposition se passe de justification, elle est l'évidence même. Elle suffit à écarter l'idée proposée par M. Jaurès, avec la signification absolue qu'il paraît avoir entendu lui donner. Accepter cette idée ne serait pas seulement aller à l'encontre de la réalité des faits, en prêtant au patron une intention qu'il ne peut pas avoir, que des ouvriers conscients de leurs devoirs ne peuvent même pas avoir eux-mêmes : ce serait encore se heurter à un obstacle de droit consistant à assortir le contrat de travail d'une condition purement potestative de la part des ouvriers, déguisée sous le prétexte du recours au droit de grève, leur permettant de laisser le contrat inexécuté pendant un temps et de se soustraire, par la violation d'un

autre principe juridique, dont l'art. 1628 du Code
civil, fait une application remarquable, aux conséquences de leur propre fait.

.

Mais alors, si nous écartons les deux explications
que nous venons d'examiner, si le droit de grève ne
domine pas la convention, si son exercice n'est pas
contenu dans le contrat, l'ouvrier va-t-il donc se
trouver soumis, sans aucun moyen d'y échapper, à
la responsabilité contractuelle pesant sur lui du fait
de la cessation de travail, et être condamné nécessairement à des dommages-intérêts, puisque la grève
n'est pas, lorsqu'elle est volontaire, un cas de force
majeure ?

Notre point de départ ne nous permet pas de
l'admettre : et nous croyons pouvoir, en faisant
appel aux idées que nous avons précédemment
dégagées, parvenir à établir une solution justifiable
en fait et en droit. Reprenons notre méthode de
comparaison de l'acte individuel et de l'acte collectif. (V. *supra*, p. 53 et suiv.).

Dans un contrat envisagé isolément, avons-nous
dit, l'inexécution individuelle par l'une des parties
de ses obligations, qui n'a jamais d'autre explication
que son intérêt particulier, ne peut jamais être de
sa part l'exercice d'un droit. Cette partie ne peut
donc jamais invoquer la légitimité de la non-
exécution ou de la suspension de l'exécution de ses
engagements ; et elle ne peut échapper dès lors aux
conséquences attachées par la loi à cette non-

exécution ou à cette suspension d'exécution. Si un préjudice a été causé à l'autre contractant, celui-ci doit obtenir des dommages-intérêts.

La grève, qui suppose la suspension d'exécution d'un groupe de contrats, procède d'un intérêt collectif, qui n'est pas simplement la somme des intérêts individuels des travailleurs qui la déclarent, mais qui, avons-nous dit encore, a une portée toute différente et une nature plus haute, celle d'un *instrument économique* essentiel à l'harmonie de ces deux forces rivales qui sont le capital et le travail. Il peut paraître étrange de parler d'harmonie du capital et du travail à propos de la grève, qui est la manifestation la plus aiguë des conflits ouvriers : rien n'est cependant plus profondément vrai. C'est un fait d'expérience que, de deux puissances en présence, la plus forte et la mieux armée tend à opprimer l'autre : les hommes ne sont pas encore assez sages pour ne pas abuser de leur supériorité matérielle ou morale. Or, il est évident qu'entre la puissance patronale et la puissance ouvrière la balance n'est pas et ne peut être égale. La force des choses veut que le patronat exige de l'ouvrier le maximum de services avec le minimum de salaires. Comment, s'il est réduit à sa résistance individuelle, l'ouvrier discutera-t-il les conditions que le patron voudra lui imposer ? La loi de l'offre et de la demande pourra bien intervenir dans une certaine mesure, mais elle sera souvent inefficace, dans tous les cas notamment, et ils sont nombreux, où la revendication ouvrière n'aura pas pour cause le relèvement du salaire. Il fallait donc à la puissance ouvrière un procédé de

combat, une arme de lutte et de défense, lui donnant
le moyen de faire sentir sa force à la puissance
patronale, et d'obtenir le respect de ses intérêts
matériels et moraux. Ce procédé, quel pouvait-il
être, sinon demander à l'entente concertée entre les
travailleurs ce que chacun d'eux était isolément
impuissant à réaliser? Et à quelle arme pouvait
recourir cette entente, sinon cesser le travail en
masse, et, par la mise en péril des intérêts patronaux, amener les détenteurs du capital aux concessions que le progrès social avait rendues mûres et
nécessaires?

C'est par là que la grève peut apparaître comme
un droit : droit consacré par une nécessité sociale,
droit reconnu par la loi positive (1). Et alors on
voit immédiatement comment va se modifier, avec
l'introduction de cet élément nouveau, la conception individualiste des conséquences de l'inexécution
du contrat particulier.

Dans le contrat isolément envisagé, le droit du
contractant d'exiger de l'autre partie l'exécution de

---

(1) M. Emile Ollivier, l'auteur de la loi du 25 mai 1864, envisage
ainsi lui-même la fonction sociale de la grève. Une lettre qu'il a
écrite en réponse à une question posée par M. Viviani *(Musée social,*
1904, p. 253) renferme à cet égard le passage très instructif que
voici : « La thèse des ouvriers est la vraie. En 1864, nous pensions,
« — je pensais, moi qui ai supporté le fardeau de la proposition —
« que le travail n'est pas une marchandise, mais une propriété : or,
« cette propriété était livrée à la merci de la puissance patronale.
« *Nous avons voulu, par la remise du droit de grève, permettre aux*
« *ouvriers de défendre, d'accroître, d'améliorer leur propriété :* et on
« soutient que la grève, — *arme de défense ou de protection —*
« anéantit cette propriété, en ce sens que le contrat sera rompu, et
« les ouvriers dispersés. C'est inconciliable. On dénature notre
« œuvre ».

ses obligations ne rencontrait en face de lui aucun droit rival; en cas de grève, le droit du patron d'exiger la prestation du travail promis, se heurte à un droit appartenant aux ouvriers, reconnu par la loi à leur profit, dans un intérêt économique et social. Lequel de ces deux droits doit l'emporter?

Est-ce le droit né de la convention, comme l'affirme la jurisprudence? Est-ce le droit de grève, comme tend à l'admettre la doctrine?

A la question ainsi posée, la réponse ne peut être absolue : elle doit dépendre, selon nous, des circonstances dans lesquelles chacun de ces deux droits est exercé. Et c'est le cas de revenir à la thèse de l'*abus du droit* qui doit, à nos yeux, départager les partisans des deux théories extrêmes qui se disputent la prédominance intégrale, l'une du respect du contrat, l'autre du droit de coalition.

Si la grève a été déclarée pour des causes légitimes, si elle a eu pour point de départ des revendications justifiées, elle apparaît comme l'exercice d'un droit; les ouvriers qui s'y sont associés ne peuvent être condamnés à des dommages-intérêts au profit du patron, auquel la suspension du travail aurait porté préjudice. Si, au contraire, elle ne peut s'expliquer par une raison sérieuse, si elle a été le résultat du caprice ou de la malveillance, si, en un mot, pour employer le langage de la Cour de cassation, elle a été abusivement déclarée, elle cesse d'être l'exercice d'un droit; elle n'est plus qu'un fait d'inexécution constitutif d'une faute, et susceptible dès lors de donner ouverture à une action en dommages-intérêts, au cas où elle a été dommageable au chef de l'entreprise.

Nous arrivons ainsi, on le voit, à un résultat identique à celui auquel aboutit la jurisprudence, avec cette différence essentielle toutefois que nous substituons à la responsabilité délictuelle qui seule peut se concevoir dans son système, puisque la grève, d'après elle, met fin au contrat, la responsabilité contractuelle qui seule peut se concevoir à l'inverse dans le nôtre, d'après lequel le contrat survit à l'état de grève.

Qu'importe, dira-t-on, ce changement de qualification dans la responsabilité, si la solution demeure la même et si les ouvriers restent exposés à une condamnation ! Il importe beaucoup, au contraire ; et le moment est venu de montrer, en poussant plus avant l'analyse de notre doctrine, quel progrès considérable elle fait réaliser à la conception ordinaire de la responsabilité contractuelle.

Revenons au principe accepté par la doctrine : la grève ne met pas fin au contrat de travail à durée indéterminée, qui continue d'exister, bien qu'inexécuté. Les auteurs, dont nous avons approuvé le sentiment à ce point de vue, se contentent de cette proposition ; ils ne se demandent pas si cette inexécution temporaire peut engager la responsabilité contractuelle des ouvriers, et c'est en quoi leur système est incomplet. Que répondront-ils au patron qui leur tiendra le langage suivant ? « J'admets, avec vous, leur dira-t-il, que le contrat « n'a pas été résilié par la grève et qu'il a subsisté « malgré elle. Mais, s'il en est ainsi, mes ouvriers

« continuaient à être liés par le contrat; et, par suite,
« en suspendant leur travail, ils ont manqué à
« leurs engagements. Peu importe, au point de vue
« économique, que leurs revendications aient pu
« être justes; dès lors que la convention continuait
« d'exister, elle formait notre loi commune, et j'étais
« en droit de me prévaloir des sanctions légales at-
« tachées à son inexécution. Sans doute, si j'ai moi-
« même commis une faute vis-à-vis de mes ouvriers,
« ceux-ci pourront l'invoquer pour légitimer leur
« refus d'exécution; mais quelle faute ai-je pu com-
« mettre? Le refus de relever le salaire ou de dimi-
« nuer les heures de travail? Il est possible qu'éco-
« nomiquement, les conditions du contrat intervenu
« entre mes ouvriers et moi ne soient plus en har-
« monie avec leurs besoins; mais, tant que le con-
« trat subsiste entre eux et moi, j'ai le droit de m'y
« tenir et je ne commets pas de faute en en réclamant
« l'exécution. A plus forte raison, en est-il ainsi, si
« mes ouvriers se mettent en grève, sans demander
« de modifications aux conditions du contrat, pour
« obtenir seulement le renvoi d'un de mes préposés
« ou la réintégration d'un ouvrier que j'ai congédié,
« ou pour se solidariser, par sympathie, sans avoir
« de griefs personnels à me reprocher, avec d'autres
« grévistes. En supposant même que le préposé,
« que je maintiens dans mon usine, ait abusé de ses
« pouvoirs, que j'aie congédié à tort l'ouvrier que je
« me refuse à reprendre, ma responsabilité pourra
« être engagée, soit vis-à-vis de l'ouvrier ou du groupe
« d'ouvriers molestés par ce préposé, soit vis-à-vis
« de l'ouvrier congédié; mais comment le sera-t-elle

« vis-à-vis des autres, et en vertu de quel droit ces
« derniers seront-ils autorisés à suspendre à mon
« préjudice l'exécution de leurs obligations? »

Il est certain que la mise en œuvre stricte et rigide des textes du Code civil, et spécialement de
l'art. 1142, d'après lequel l'obligation de faire en cas
d'inexécution se résout en dommages-intérêts, ne
permet guère de répondre à cette argumentation, et
que, sur ce terrain, la thèse de M. l'avocat général
Feuilloley, qui limite le droit de grève, même
exercé pour des causes légitimes, par le respect de
la convention, paraît inébranlable. Il faut de toute
nécessité, pour triompher de l'objection, élargir la
notion de la faute, et en arriver à cette idée hardie
et, croyons-nous, entièrement neuve, au moins dans
la formule que nous lui donnons, que le patron
commet une faute qui légitime la suspension de
l'exécution momentanée du travail que lui doivent
ses ouvriers, alors même qu'il reste dans les termes
des contrats qui les attachent à lui, lorsqu'il mécon-
naît l'intérêt collectif, matériel ou moral, qui justifie
économiquement et socialement la coalition formée
contre lui.

Le patron ne doit pas se croire à l'abri de tout
reproche, par cela seul qu'il respecte vis-à-vis de ses
ouvriers individuellement envisagés la loi de chacun
des contrats intervenus entre eux et lui. Il ne doit
pas croire non plus qu'en violant l'un de ces contrats, par exemple en renvoyant à tort et abusivement un ouvrier, il n'engage sa responsabilité qu'à
raison de ce contrat et vis-à-vis de cet ouvrier. Il doit
savoir au contraire qu'en contractant avec une masse

de travailleurs, il assume, vis-à-vis de tous et de chacun d'eux, des devoirs qui dépassent la sphère et le
cadre de chaque contrat isolément considéré, et
qu'il confère à une collectivité des droits que les
fluctuations économiques et une légitime solidarité
sont de nature à faire plus amples et plus étendus
que les droits individuels.

Il est impossible, selon nous, d'expliquer autrement que par la conception qui précède l'irresponsabilité contractuelle résultant pour les ouvriers d'une
grève légitime. Cette conception, économiquement
vraie, peut-elle cadrer avec les textes? Là est la véritable difficulté. Nous ne croyons pas cependant
que, pour peu qu'on s'inspire d'une large méthode
d'interprétation, la concordance soit impossible à
établir. La seule règle, en effet, que formule le Code
civil, c'est que celui qui, par son fait ou sa faute,
n'exécute pas ses obligations, engage sa responsabilité contractuelle, et devient passible, en cas de préjudice causé, de dommages-intérêts. Ce principe
contient la réserve implicite que celui qui se prévaut
de cette inexécution à l'encontre de son co-contrac-
tant *soit lui-même exempt de faute;* et la loi, qui
prononce ce mot de *faute,* n'en contient nulle part
une définition rigoureuse, laissant au juge le soin de
constater son existence.

L'idée de faute est donc, en matière contractuelle,
comme en matière délictuelle ou quasi-délictuelle,
entièrement subordonnée à l'appréciation souveraine
du juge. Est-il impossible que, comme élément de
cette appréciation, intervienne la considération de
l'intérêt collectif qui domine le contrat de travail?

Au lieu de la faute juridique, il y aura la faute éco-nomique : cette différence de point de vue n'atteint pas le principe lui-même.

Voilà une grève déclarée par des ouvriers qui ré-clament un relèvement des salaires ou une diminu-tion des heures de travail. Le refus du patron de souscrire à cette revendication n'est point une faute, si l'on s'en tient au contrat lui-même; c'est même apparemment l'exercice d'un droit. Mais, ne peut-il dégénérer en faute s'il est démontré que le salaire n'est plus en rapport avec les besoins créés à l'ou-vrier par une situation économique plus lourde ou que la durée du travail est excessive eu égard au développement des préoccupations protectrices de la santé publique? La faute du patron ne peut-elle con-sister en pareil cas à vouloir maintenir un contrat devenu économiquement léonin, et à résister à une revendication qui n'est que la résultante d'un état social devant lequel il doit s'incliner? Ne peut-il pas y avoir là un véritable abus de son droit? Pour nous, qui ne cherchons qu'à dégager un principe de droit, nous devons nous borner à dire que cela est pos-sible; mais il est bien entendu que la mise en œuvre de ce principe sera l'affaire des circonstances.

Le patron peut avoir lui-même, sur le même ter-rain économique, d'excellentes raisons pour justifier sa résistance. Il est soumis à une loi qui n'est pas moins puissante que l'évolution des besoins de l'ou-vrier : c'est celle de la concurrence. Il est enchaîné dans la fixation des conditions du travail, qui cons-tituent un élément essentiel du prix de revient, par le prix de vente de ses produits, et ce prix de vente

est directement influencé par celui que pratiquent
ses concurrents. Si ses ouvriers avaient le droit de le
forcer à relever leurs salaires ou à diminuer leurs
heures de travail dans de telles proportions que
l'augmentation de frais généraux en résultant ne lui
laisserait plus la possibilité de soutenir la concurrence, ils l'entraîneraient infailliblement à la ruine,
et ils se priveraient eux-mêmes du travail qu'il leur
procurait. Ils seraient les premiers à en pâtir. C'est
dire combien seront délicates et complexes les questions soulevées par un pareil débat, et combien il
sera souvent malaisé de dire, entre les revendications des ouvriers et la résistance du patron, où est
la vérité économique. Le tort incombera à celui des
deux partis qui aura méconnu cette vérité.

La notion de la faute patronale sera plus tangible
et plus saisissable dans d'autres hypothèses, d'où
l'élément de la concurrence sera banni. Une grève
est déclarée parce qu'un patron impose la présence
d'un contre-maître devenu odieux à son personnel
ou parce qu'il a congédié abusivement un ouvrier.
Sans doute encore, vis-à-vis de tous autres que les
ouvriers opprimés par ce contre-maître ou que cet
ouvrier abusivement congédié, le patron ne commet pas de faute individuelle; il n'en viole pas moins
le devoir qui lui incombe de respecter la dignité
collective des travailleurs et le lien de solidarité qui
les unit les uns aux autres; et le manquement à ce
devoir le rend non recevable à se prévaloir de la
suspension du travail pour réclamer à ceux qu'il a
moralement conduits à la grève la réparation du
préjudice qu'il en éprouve. Dans une telle situation,

la légitimité de la grève rencontrera moins de difficulté à être reconnue, parce qu'elle reposera sur
une base plus concrète.

Par contre, elle sera presque toujours impossible
à admettre dans les grèves de sympathie; car même
en acceptant l'idée de la faute économique commise
à l'endroit de la collectivité, il est juste que cette
faute ne puisse être invoquée que contre le patron
à qui elle est imputable. Est-il néanmoins absolument impossible de concevoir que l'extension d'une
grève à un établissement similaire de celui dans
lequel elle avait originairement éclaté ne puisse se
justifier? Il serait téméraire de l'affirmer : rien d'absolu n'existe dans une matière dominée par tant de
contingences. L'approbation bruyante et injurieuse
que donnerait un chef d'établissement à l'attitude
nettement condamnable d'un autre patron dont les
ouvriers se seraient légitimement mis en grève pourrait peut-être être considérée comme une faute per-
sonnelle.

Une hypothèse de ce genre est si exceptionnelle
qu'elle est difficilement concevable.

Quant aux grèves politiques, comme la grève générale belge de 1902, fomentée par les députés so-
cialistes, en vue d'obtenir la suppression du vote
plural, il est à peine besoin de dire qu'elles ne pourront jamais rentrer dans notre conception d'une
grève légitime.

Telle est notre théorie (1) édifiée, on le voit, sur

(1) Nous n'avons pas cru devoir faire, dans notre argumentation,
une place spéciale à la réfutation des objections émises par M. l'a-

6

les critiques que nous ont paru mériter les systèmes
précédemment exposés. Elle se résume dans la conciliation du droit de grève et du droit né de la convention, qui cessent par l'abus qui en est fait, et qui
doivent se limiter l'un l'autre par la légitimité, *économiquement appréciée*, de leur exercice.

Nous ne nous dissimulons nullement la gravité de
notre doctrine, et il ne nous échappe point qu'elle

vocat général Feuilloley et rappelées plus haut (p. 20 et 21). C'est
qu'en effet ces objections se réfutent d'elles-mêmes par le simple
exposé de notre système, comme il est facile de s'en convaincre par
la double observation suivante.

La loi n'a pas distingué, dit d'abord l'éminent magistrat, entre
l'acte individuel et l'acte collectif; il n'y a pas de textes qui puissent
servir de base à une distinction de cette nature; il est donc juridiquement impossible de la faire. — Nous répondons que si l'on
admet avec nous que la notion de faute est abandonnée souverainement au juge, ce dernier trouve dans son pouvoir d'appréciation la
possibilité légale de distinguer, dans leurs conséquences, l'acte individuel et l'acte collectif, et en tenant compte des différences inten-
tionnelles qui les séparent, de doser les responsabilités qui en découlent. A la vérité, il n'existe pas, en l'état de notre législation, de
texte *exprimant* cette distinction ; mais il suffit que les dispositions
existantes et les principes généraux en autorisent la mise en œuvre
de la part du juge.

M. l'avocat général Feuilloley s'arme, en second lieu, du rapprochement qu'il établit entre le contrat de travail et les autres contrats passés par les ouvriers avec d'autres que leurs patrons, tel que
le propriétaire qui les loge, les fournisseurs qui leur vendent les
objets de leur consommation, etc. Vis-à-vis de ces derniers, l'état
de grève laisse entières les obligations pesant sur les ouvriers :
pourquoi en serait-il autrement de celles qu'ils ont assumées vis-à-
vis de leur patron? — La réponse découle encore tout naturellement
des éléments de notre système. Si, en effet, il est reconnu que
la supériorité de l'exercice du droit de grève sur le droit né du contrat, lorsque la grève n'est pas abusive, tient à ce que le patron est
considéré comme ayant commis une faute en refusant de souscrire
aux revendications des ouvriers, on s'explique fort bien que le contrat de travail en soit influencé, alors que la grève restera évidemment sans action vis-à-vis des contrats passés par les ouvriers avec
d'autres personnes qui, elles, n'ont aucune faute à se reprocher.

surprendra, par l'extension qu'elle suppose de l'idée
de la faute contractuelle, les jurisconsultes habitués
à se mouvoir dans le cadre normal des conventions
individuelles. A ceux d'entre eux qui la jugeraient
inacceptable parce qu'elle sortirait, à leurs yeux, de
l'esprit individualiste, comme des termes rigoureux
de notre loi civile, nous n'avons, en vérité, rien à
répondre; mais ceux-là devront se résoudre à proclamer invariablement la responsabilité contractuelle des ouvriers, même en cas de grève légitime,
faute de pouvoir, en dehors d'elle, donner un fondement à l'irresponsabilité dont ils voudraient les
faire bénéficier. Qui ne sent au surplus qu'un tel
débat est d'ordre plus élevé qu'une argumentation
de textes? Ce ne sont pas deux interprétations, mais
bien deux méthodes, deux orientations, qui sont en
présence : l'une qui se réclame de l'application
rigide des textes et des principes que l'étude du
droit individuel en a dégagés; l'autre qui, s'armant
de la réalité des faits, croit pouvoir demander à la
souplesse de l'œuvre législative créée par les rédac-
teurs du Code civil le développement que l'évolution économique lentement opérée depuis 1804 leur
paraît autoriser. Nous croyons fermement, pour
notre part, que ce développement est possible; nous
comprenons d'ailleurs les hésitations qu'il est susceptible de faire naître.

2e Conséquence :
Refus de réintégration des ouvriers grévistes.

Dans le système de la jurisprudence, nous l'avons
vu, la seconde conséquence attachée à la résiliation

du contrat par le fait de la grève résidait dans la liberté absolue qu'avait le patron de réintégrer ou non les ouvriers grévistes. Notre point de départ, à savoir la survivance du contrat à la déclaration de la grève, doit nous conduire à une déduction inverse : le patron et les ouvriers demeurant, malgré la grève, dans les liens du contrat, il s'ensuit que le patron ne peut, en principe, refuser de réintégrer les grévistes qui, en demandant à reprendre le travail, ne font que s'offrir à exécuter la convention toujours existante qui les lie à lui. Et l'on ne peut davantage reconnaître au patron le droit d'user de la faculté unilatérale de résiliation qui lui est ouverte par l'art. 1780 C. civ.; car l'exercice de cette faculté, basé uniquement sur le fait de la grève, supposée, d'ailleurs, non abusive, serait de sa part un acte abusif, et partant illégitime, ce qui l'exposerait à une condamnation à des dommages-intérêts vis-à-vis des ouvriers auxquels il aurait fermé les portes de son usine.

Il n'y a et ne peut y avoir toutefois là qu'une solution de principe; car divers éléments interviennent aussitôt pour en adoucir la rigueur et la soumettre dans l'application à certaines restrictions inévitables.

La première restriction résulte de l'application même des données juridiques servant de base au système que nous avons précédemment édifié en ce qui concerne la question des dommages-intérêts. Si la grève n'est point abusive, il est exact de dire que, sauf certains tempéraments sur lesquels nous allons avoir à nous expliquer, le patron est tenu, lorsqu'elle prend fin, de réintégrer les ouvriers grévistes qui sont demeurés dans les liens du contrat et qui, par hypothèse, n'ont pas commis de faute en suspendant le travail. Mais, si la grève a été abusivement déclarée, cette solution ne peut plus être maintenue. Les ouvriers ont en effet commis une faute en déclarant abusivement la grève, et en suspendant l'exécution de leurs obligations. De même que la responsabilité contractuelle qu'ils ont ainsi encourue permettait tout à l'heure à leur encontre l'application de l'article 1142 du Code civil et leur condamnation à des dommages-intérêts, de même elle autorise le patron à exercer contre eux la faculté de résiliation unilatérale qui lui est reconnue par l'art. 1780 C. civ., et qui ne peut être déclarée abusive, puisque les ouvriers sont supposés en faute. Ce sont deux conséquences étroitement liées du même principe.

Cette première restriction est indiscutable ; mais ne doit-on pas aller plus loin et admettre que, même dans le cas où la grève ne serait point abusive, le patron pourrait se refuser à une réintégration en tout ou en partie des ouvriers grévistes ? L'auteur anonyme de l'article déjà cité des *Annales de Droit commercial et industriel* (p. 371) pense lui-même que le patron peut avoir ce droit dans l'hypothèse où, durant la grève, et pour assurer la continuation du travail, il a dû engager un autre personnel : « Il faudra, écrit-il, non seulement refuser à celui-ci (le patron) la faculté d'intenter une action civile, mais même... lui refuser le pouvoir de signifier congé

« aux ouvriers qui ont participé à la grève, du mo-
« ment que celle-ci, vient à se terminer rapidement
« sans qu'aucun autre personnel ait été engagé par
« le chef d'entreprise dans l'intervalle ».

Si l'on entre dans cette voie, ce n'est pas dans
cette situation seulement que l'on devra reconnaître
la légitimité du refus de réintégration; c'est ainsi
que le patron sera tout aussi fondé à refuser de reprendre, au moins, une partie des ouvriers grévistes,
si, par suite de la grève, il a éprouvé des pertes,
subi des résiliations de marchés ou de commandes,
qui, ayant diminué ses besoins de production, ont
amoindri du même coup ses besoins de main-
d'œuvre.

Dans ces cas et d'autres semblables, doit-on reconnaître au patron le droit de donner congé aux
ouvriers dont les services lui sont devenus inutiles?
En raisonnant d'une façon très rigoureuse, on pourrait dénier ce droit au patron qui, la grève n'étant
pas abusive, ne peut s'en prévaloir pour légitimer
son refus de réintégrer les ouvriers grévistes; mais
ce serait là une solution vraiment draconienne,
devant laquelle doivent reculer, et reculent effectivement, les plus chauds partisans de la cause
ouvrière. Si l'exercice du droit de grève ne permet,
ni aux ouvriers, ni au patron, de mettre fin au contrat de travail, dont il n'entraine qu'un arrêt temporaire et momentané, il ne faut pas cependant qu'il
dégénère en une charge ruineuse pour l'industrie en
obligeant le patron à occuper et à payer des ouvriers
dont le concours lui est devenu superflu. On ne peut
plus considérer comme abusif l'usage que fait le pa-

tron, en pareille hypothèse, de son droit de résiliation ; car cet usage ne repose plus sur le seul fait de
la grève, mais sur les conséquences économiques
qu'elle a produites, et dont il serait injuste de faire
retomber tout le poids sur le patronat. Tout au plus,
serait-il possible d'accepter l'idée d'une réparation
pécuniaire au profit des ouvriers non réintégrés, si
le patron avait commis une faute particulièrement
grave, notamment en opposant un refus systémati-
que à la discussion des revendications des ouvriers
par les voies amiables que lui offrait la loi de 1892,
et en rendant ainsi inévitable le conflit qu'aurait pu
empêcher une attitude plus conciliante.

*
* *

Ainsi donc, en dehors des circonstances particulières que nous venons d'examiner, c'est encore par
une distinction tirée du caractère abusif ou non
abusif de la grève, que nous sommes logiquement
conduit à résoudre la question de savoir si le patron est tenu de réintégrer ou non les ouvriers
grévistes.

Nous ne pouvons, néanmoins, abandonner cet
ordre d'idées sans nous préoccuper d'une difficulté
théorique qui ne laisse pas que d'être très sérieuse
au premier abord et dont la solution exige un nouvel effort pour être mise en harmonie avec les principes du droit commun.

Cette difficulté n'apparaît pas si l'on suppose la
réintégration opérée dans les mêmes conditions
qu'auparavant, au point de vue du chiffre du salaire

ou du règlement du travail. C'est ce qui se produira, ou bien lorsque la grève se terminera par la défaite des ouvriers, ou bien lorsqu'elle n'aboutira qu'à des satisfactions morales, comme le renvoi d'un contre-maître ou la rentrée d'un ouvrier congédié. Dans cette situation, le contrat, dont l'exécution avait été suspendue par la grève, reprend son cours sans changement apparent; et il est vrai de dire que c'est le même contrat qui se poursuit entre les parties, dans l'état dans lequel il se trouvait au moment de son interruption.

Mais il arrivera souvent que la grève aura pour résultat une modification aux conditions antérieures. Ce sera, par exemple, le salaire qui sera augmenté; ce sera la durée du travail qui sera réduite. L'intro-duction de cet élément nouveau dans la convention n'a-t-elle pas pour effet d'éteindre, par un mode juridique, qui est la *novation*, le premier contrat, et de lui substituer un contrat différent qui prend cours à partir de l'arrangement mettant fin à la grève? Et, s'il en est ainsi, comment concilier cette *novation* avec l'obligation pour le patron de reprendre les ouvriers grévistes? Le patron n'est-il pas fondé à soutenir que, dès lors que le premier contrat a dis-paru et qu'il s'en forme un nouveau, il ne peut être contraint de conclure ce nouvel accord indistincte-ment avec tous ses anciens ouvriers, et qu'il est libre de ne se lier qu'à ceux avec lesquels il lui plaît de contracter à nouveau?

Si cette objection est exacte, on le voit, on re-tombe invinciblement dans le système de la juris-prudence qui, plaçant la résiliation du contrat au

moment de la déclaration de la grève, donne au
patron pleine liberté pour refuser la réintégration
d'ouvriers vis-à-vis desquels il a cessé d'être lié : on
recule seulement à la fin de la grève la mise à néant
du contrat, ce qui paraît, quant à la solution elle-
même, être complètement indifférent.

A priori, il semble bien évident que cette objection doit être fausse : car elle conduirait à une
conséquence qu'on peut qualifier d'absurde. Si, en
effet, nous l'avons dit, la grève se termine sans
apporter de modifications au contrat antérieur, ce
qui sera généralement la manifestation de l'impuissance des grévistes et de la victoire du patron, ce
dernier serait astreint à rouvrir aux coalisés les
portes de ses usines : et il aurait au contraire le
droit de les leur fermer dans le cas inverse où la
grève aurait eu une issue favorable aux ouvriers et
marquerait sa propre défaite. Ce serait là, est-il
besoin de le dire, un monstrueux contre-sens. Et,
en réalité, il est facile de se convaincre que le résultat de la grève, éventualité contingente qui ne
dépend nullement du bon droit de l'un ou de l'autre
des deux partis en lutte, doit rester sans influence
sur la solution juridique du conflit. L'expérience ne
démontre que trop que, dans la grève comme dans
les combats armés, la victoire se range, non du côté
du droit, mais du côté de la force, et que dans les
deux cas l'argent est, suivant une parole célèbre et
éternellement juste, le nerf de la guerre. La grève
la plus légitime peut échouer, la grève la moins
justifiée peut réussir, selon le degré de résistance de
la force patronale ou de la force ouvrière. Ce n'est

pas selon l'échec ou selon le succès que peuvent varier les droits respectifs des belligérants.

Il faut cependant répondre, sur le terrain juridique, à l'argument de la novation.

Les auteurs qui acceptent, comme nous, le principe de la survivance du contrat de travail d'une durée indéterminée à l'état de grève, s'y sont heurtés : et ils ont proposé une explication qui paraît, au premier abord, satisfaisante, mais qui, croyons-nous, n'est pas de nature à résoudre la difficulté. « Même « lorsque le refus d'exécution est opposé au patron, « écrit M. Planiol (1), pour obtenir une modification « au contrat primitif, telle qu'une hausse de salaire « ou une diminution des heures de travail, il ne « perd pas son caractère; il ne cesse pas de porter « uniquement sur l'exécution du contrat; le contrat « ancien sera supprimé et remplacé par un nouveau « contrat, soumis à d'autres conditions, si les négo- « ciations ouvertes dans ce but réussissent; sa dispa- « rition sera alors l'effet d'une *novation*; elle n'est « pas l'effet de la grève ». Et M. Pic de reprendre l'idée en s'écriant : « Cette observation est essen- « tielle; car, dès l'instant que l'extinction du contrat « découle, non pas de la coalition, ni de la grève « déclarée, mais uniquement du contrat collectif, « débattu contradictoirement entre les patrons et « les grévistes, contrat qui prend alors l'aspect d'un « traité de paix entre les forces en conflit, *aucune*

(1) Note citée sous l'arrêt de la Chambre civile du 4 mai 1904. D. P, 1904, 1, 289.

« des conséquences admises par la jurisprudence ne
« saurait être acceptée » (1).

Voilà qui est bientôt dit : nous avouons, pour notre
part, ne pas comprendre. D'après la jurisprudence,
le contrat est résilié et prend fin par la grève ; il se
forme un nouveau contrat lors de la reprise du travail ; la conséquence est que le patron, délié de tout
engagement par la résiliation du contrat, ne peut
être forcé de contracter à nouveau, et qu'il est libre
de ne réintégrer que les ouvriers avec lesquels il lui
plaît de le faire. D'après les auteurs dont nous examinons la doctrine, le contrat subsiste au cours de
la grève ; mais il s'éteint par la novation qui succède
à la grève et en marque la fin. La conséquence ne
doit-elle pas être la même, et la disparition du contrat primitif, qu'elle se produise au moment et par
l'effet de la déclaration de la grève, ou qu'elle se
réalise par une novation à l'issue de la grève, ne
doit-elle pas rendre au patron sa liberté de contracter à nouveau avec les ouvriers qu'il lui convient de
reprendre ? Nous ne voyons pas comment et pourquoi l'extinction du contrat ne produirait pas dans
les deux cas le même résultat.

Il faut donc chercher un autre terrain de conciliation entre la situation juridiquement créée par les
changements apportés au contrat en cours lors de la
grève et l'obligation incombant en principe au patron
de reprendre les ouvriers grévistes. Elle est, à nos
yeux, dans le caractère *collectif* des bases nouvelles

(1) Art. précité, p. 50.

du contrat de travail acceptées par le patron en
suite de la grève. Sans doute, il s'opère une novation; sans doute, c'est un nouveau contrat qui se
forme entre le patron et les ouvriers. Mais ce contrat présente ceci de particulier qu'il s'impose au
patron vis-à-vis de tous ceux qui, ayant participé au
mouvement gréviste supposé non abusif, demandent
à reprendre le travail en se plaçant sous la loi de la
convention nouvelle.

Expliquons-nous.

On pourrait être tenté de faire appel ici à la
théorie du contrat collectif de travail, débattu entre
les patrons et les syndicats, et de dire que, dans le
cas très fréquent où les conditions de la reprise du
travail sont fixées par un accord du chef d'entreprise
avec l'organisme, syndicat, comité de grève, jouissant
ou non de la personnalité civile, qui représente les
intérêts des coalisés, le patron se trouve lié vis-à-
vis des ouvriers individuellement avec lesquels il a
traité en réalité, en s'entendant avec la collectivité
qui agissait comme leur mandataire en gérant
d'affaires ou qui stipulait pour eux. Cette conception
serait séduisante : elle serait, cependant, juridiquement fausse. Elle a été appréciée par M. Félix Moissenet, dans son « *Etude sur les contrats collectifs en
matière de conditions du travail* » (Paris, 1903),
dans les termes suivants : « Nous supposons un
« comité de grève, un syndicat professionnel... : l'un
« ou l'autre de ces... organismes a traité avec un
« patron relativement aux salaires, par exemple.
« Nul doute, et sans distinguer si l'entente est inter-
« venue entre patron et collectivité personne morale

« ou non personne morale, nul doute que les
« ouvriers ne soient pas liés envers le patron par
« l'accord intervenu ; ils ne sont pas tenus de
« reprendre ou d'accepter le travail aux nouvelles
« conditions... Le contrat collectif n'est donc pas la
« source d'obligations civiles pour les ouvriers con-
« sidérés individuellement. Que dire du patron ?
« L'existence d'une obligation à sa charge, au profit
« des ouvriers, conduirait à ce résultat : un ou plu-
« sieurs ouvriers se présentent-ils pour être embau-
« chés ? Le patron devrait leur fournir du travail, et
« le fournir, en outre, aux conditions convenues
« avec le comité de la grève, le syndicat... Mais le
« patron ne saurait être obligé. En droit, tout d'abord,
« on cherche en vain sur quels principes reposerait
« son engagement : *l'organisme collectif avec lequel*
« *il a traité n'est pas le mandataire ni le gérant*
« *d'affaires des ouvriers considérés individuellement ;*
« *il ne stipule pas pour autrui...* La convention passée
« par les représentants des intérêts ouvriers ne pos-
« sède donc, en elle-même et dans les rapports indi-
« viduels des patrons et des ouvriers, aucune valeur
« juridique. Sur ce point, on ne saurait donc hésiter,
« le contrat collectif n'établit aucun rapport de droit
« entre le patron et ses ouvriers considérés indivi-
« duellement ; *il peut seulement servir, dans le*
« *silence des parties, à fixer les obligations respectives*
« *qui résultent du contrat de travail* » (1).
Nous acceptons cette donnée qu'en droit l'orga-

(1) Moissenet, *op. cit.*, p. 222 et suiv. — Pic, *Traité élémentaire de législation industrielle*, nº 144, p. 297.

nisme collectif avec lequel s'effectue l'entente du
patron sur les conditions nouvelles du travail n'a
pas la qualité nécessaire pour rendre ces conditions
obligatoires dans les rapports individuels du patron et des ouvriers, soit à raison d'un mandat ou
d'une gestion d'affaires, soit à raison d'une stipulation pour autrui, dont les éléments constitutifs font
juridiquement défaut. D'ailleurs, nous cherchons
une explication générale qui embrasse tous les cas
susceptibles de se produire; et celle qui reposerait
sur le contrat collectif n'aurait pas cette portée,
puisqu'une grève peut se dénouer sans l'intervention d'un comité ou d'un syndicat. Mais nous nous
séparons de M. Moissenet lorsqu'il conclut qu'il n'y
a aucune obligation pour le patron de reprendre les
ouvriers grévistes. Et voici l'idée fort simple à
laquelle nous nous attachons pour faire apparaître
cette obligation.

Tout contrat, reposant sur le concours de deux
volontés, suppose une offre ou pollicitation, et une
acceptation. Lorsque le patron déclare consentir à
la reprise du travail sur une base nouvelle, on peut
se demander s'il fait aux ouvriers l'offre de les
reprendre, ou s'il accepte celle qu'ils lui font de rentrer dans son usine, aux conditions spécifiées. La
question, dont la solution peut varier selon les circonstances, est sans intérêt : car, et c'est la seule
chose importante, qu'il s'agisse d'une offre ou d'une
acceptation du patron, *elle a toujours le même caractère collectif*, et s'adresse toujours à la masse des
ouvriers grévistes. Et alors la conséquence apparaît
d'elle-même : le patron ne peut ni restreindre ni

limiter son offre ou son acceptation à quelques-uns (hors les cas exceptionnels que nous avons signalés), pour en exclure d'autres; si, strictement, il avait ce droit, il en ferait un usage abusif et, dès lors illégitime, qui l'exposerait, de la part de l'ouvrier non repris, à une action en dommages-intérêts (1).

Et c'est ainsi, en revenant toujours à cette notion de l'abus du droit, qui domine notre étude et lui donne son unité, que nous aboutissons encore à justifier juridiquement une solution très insuffisamment assise jusqu'alors, et à triompher d'un obstacle contre lequel avaient échoué les explications antérieurement proposées par les auteurs.

3ᵉ Conséquence :

Calcul du salaire de base en cas d'accident du travail.

La Cour de cassation, nous le savons, a, par son arrêt du 4 mai 1904, attaché à son système sur la résiliation du contrat de travail à durée indéterminée par l'effet de la grève une conséquence résidant dans l'application à l'ouvrier qui, entré au service du patron plus d'un an avant un accident dont il a été victime, a cessé de travailler durant une période intermédiaire en raison d'une grève qui a pris fin par la reprise du travail moins de douze mois avant cet accident, des règles établies par l'art. 10, § 2, de la loi du 9 avril 1898 : ce qui aboutit

---

(1) Le jugement du Tribunal civil de Narbonne, que nous avons cité (*Bull. off. trav.*, 1904, p. 802), paraît avoir admis le principe de notre solution.

à traiter cet ouvrier comme rentrant dans la catégorie de ceux occupés depuis moins de douze mois
avant l'accident et à faire entrer dans tous les cas,
dans son salaire de base, sans qu'il y ait lieu de se
livrer à aucune appréciation sur le caractère de la
grève et la part qu'y a prise l'ouvrier, la rémunération afférente à la période de chômage qui en a été
le résultat.

Notre principe de la survivance du contrat à la
grève va-t-il nous conduire à retrancher du salaire
de base la période durant laquelle l'exécution de ce
contrat a été suspendue? Ce serait là certes un grave
mécompte, et nous serions fort attristé, après avoir,
dans l'intérêt de la cause des travailleurs, critiqué
le système de la jurisprudence comme négligeant
l'élément intentionnel qui préside à la cessation du
travail produite par la grève, d'arriver, dans la mise
en œuvre de la loi ouvrière par excellence, à une
solution moins libérale que celle consacrée par le
système même que nous combattons.

Et cependant il semble bien au premier abord
qu'une invincible logique de raisonnement nous ac-
cule à cette extrémité ! Si, en effet, le contrat subsiste
et n'est pas résilié par la grève, ne subissant seulement qu'une suspension d'exécution, ce n'est plus
le § 2, visant le cas de l'ouvrier occupé depuis
moins de douze mois avant l'accident, c'est le § 1 de
l'art. 10 de la loi du 9 avril 1898, visant le cas de
l'ouvrier occupé pendant les douze mois écoulés
avant l'accident, qui est en cause : et alors, force
est bien d'appliquer au chômage qui s'est produit
durant la période de la grève la distinction, aujour-

d'hui législativement consacrée par la loi récente du 2 avril 1905, entre le chômage volontaire et le chômage involontaire. Et comme le nouveau texte n'autorise à faire état du salaire correspondant au temps du chômage qu'autant que ce chômage a eu lieu *pour des causes indépendantes de la volonté de l'ouvrier*, nous n'aurions même pas la ressource de faire appel à notre théorie de l'exonération de toute responsabilité à la charge de l'ouvrier du fait de sa participation à la grève non abusive, puisqu'il suffirait que la grève eût été volontaire de sa part pour mettre un obstacle absolu à la computation de la période de chômage dans le salaire de base, alors même que la grève serait la plus légitime qui se puisse concevoir. Il n'y aurait que le gréviste involontaire qui pourrait exiger que la période de chômage correspondant à la grève fût prise en considération pour le calcul de son salaire de base.

Voilà encore une difficulté que nous rencontrons sous nos pas, en posant comme principe la survivance du contrat de travail à la grève. Elle est, pensons-nous, aisée à résoudre, bien que toutes les explications proposées à cet égard ne nous paraissent pas également acceptables.

L'auteur anonyme de l'article déjà cité des *Annales de droit commercial et industriel* (p. 370) nie que l'extinction du contrat de travail ou son maintien durant la grève aient une influence quelconque sur le mode de computation du salaire de base. Il est impossible, selon lui, dans quelque système qu'on se place, d'admettre le retranchement de la période

7

de grève, même si l'on considère le contrat comme
subsistant pendant cette période et si l'on traite dès
lors l'ouvrier comme occupé dans les douze mois
écoulés avant l'accident. La Cour de cassation aurait,
pour arriver à ce résultat, « improvisé une théorie
« inutile, et... comme à plaisir... encombré le sujet
« d'un problème de résolution de contrat qui n'avait
« rien à y voir... *La loi veut que toute période de*
« *chômage pour la dernière année entre dans le calcul*
« *de la rente,* et que l'on présume servi à l'ouvrier,
« pendant la durée de la grève, un salaire qui
« cependant n'a pas été touché par lui. Or, qu'im-
« porte dans ces conditions que le contrat de travail
« soit pendant la durée du chômage résilié ou seu-
« lement suspendu? Qu'on accepte l'une ou l'autre
« interprétation, la loi demeure la même, et les rai-
« sons d'équité qui l'inspirent ne souffrent aucune
« modification ».

Cette proposition absolue, que toute période de
chômage entre toujours, sans distinction aucune,
dans le calcul du salaire de base, était déjà inexacte,
au moment où elle était émise par l'auteur de l'article, du moins en l'état de la jurisprudence qui,
comme nous l'avons plus haut indiqué (1), séparait
à ce point de vue le chômage volontaire et le chômage involontaire. Elle l'est devenue plus sûrement
encore depuis que le nouveau paragraphe, ajouté
par la loi du 2 avril 1905, a disposé que, « si pen-
« dant les périodes visées aux alinéas précédents,
« l'ouvrier a *chômé* exceptionnellement et *pour des*

(1) Voir *supra*, p. 31.

« *causes indépendantes de sa volonté*, il est fait état
« du salaire moyen qui eût correspondu à ces chô-
« mages ». Il n'est plus possible, en présence de ce
texte qui n'a fait d'ailleurs que donner la formule
législative à la jurisprudence antérieure, de soutenir
que « la loi veut que toute période de chômage pour
« la dernière année entre dans le calcul de la
« rente »; c'est vrai pour le chômage dû à des causes
indépendantes de la volonté de l'ouvrier, ce n'est
pas vrai pour le chômage qui est volontaire de sa
part. Or, la grève à laquelle il s'associe volontairement, et en dehors des hypothèses où nous l'avons
considéré comme contraint contre son gré à cesser
le travail (1), ne peut être envisagée comme une
cause de chômage *indépendante de sa volonté*. D'où
la conséquence que la période de grève doit, en
pareil cas, être tenue pour inexistante dans le calcul
du salaire de base. L'explication présentée repose
donc sur une proposition fausse : et elle doit être
écartée.

Sans doute, si l'on devait admettre, avec M. Pic (2),
qu'aucune grève ne peut être considérée comme
volontaire, parce qu' « au fond, l'ouvrier qui se
« met en grève n'agit jamais volontairement....,
« qu'en se solidarisant avec ses camarades..., le gré-
« viste obéit à sa conscience, à un sentiment impé-
« rieux de solidarité ouvrière..., sous l'empire d'un
« sentiment qui affectait à son égard le caractère
« d'une contrainte morale », il serait indifférent que

(1) Voir *supra*, p. 21 et suiv.
(2) Article précité, p. 62.

la loi eût maintenu la distinction du chômage volontaire et du chômage indépendant de la volonté de
l'ouvrier : la grève rentrerait toujours dans cette
seconde branche de la distinction, et la question de
savoir si elle est susceptible d'entraîner un retranchement dans le salaire de base ne pourrait jamais
se poser. Mais, cette thèse de M. Pic est plus senti-
mentale que juridique, et nous l'avons précédemment
combattue (1) en tant que se rattachant à l'idée de
force majeure. Elle n'est pas mieux fondée en tant
que se réclamant de l'idée de violence morale. A
coup sûr, la formule de la loi nouvelle — chômage
pour des causes indépendantes de la volonté de l'ouvrier — est assez large pour donner au juge un
pouvoir très étendu d'appréciation, et nous ne
voyons rien qui s'oppose à ce que, comme élément
de cette appréciation, il puisse être tenu compte de
la contagion de l'exemple, de l'entraînement de la
solidarité. Mais de là à proclamer que ces considérations seront, à elles seules, suffisantes pour faire de
la grève à laquelle l'ouvrier n'a pris part que dans
un esprit de solidarité et sous aucune espèce de
coercition matérielle, la violence juridiquement envisagée, il y a, suivant nous, en l'état de la loi actuelle,
un pas infranchissable. Les art. 1111 et suivants du
Code civil, qui régissent la violence, vice du consentement, le démontrent péremptoirement : et nous
n'en voulons pour preuve que l'exclusion de la crainte
révérentielle qui, autant que la puissance morale de
la solidarité ouvrière, est de nature à influer sur la

(1) Voir *supra*, p. 22 et 23.

volonté, et qui cependant ne rentre pas dans la violence légalement caractérisée. La loi veut, pour qu'il
y ait violence, une menace d'un mal considérable
et présent : si, comme nous le supposons, la grève
laisse entière, sans se compliquer d'aucune violence
matérielle, la liberté de continuer le travail, qu'on
nous dise en quoi les ouvriers, en restant à l'usine,
exposent leur personne ou leur fortune à ce mal
considérable et présent !

La difficulté que nous avons soulevée reste donc
pendante.

* *
*

On pourrait songer à faire appel, pour la résoudre, à l'idée de novation que nous avons précédemment mise en lumière (1). Ce serait reprendre,
avec une très légère variante, le système de la Cour
de cassation. Celle-ci place la disparition du contrat
au moment de la déclaration de la grève, et la formation du nouveau contrat, quelles qu'en soient les
conditions, seraient-elles demeurées les mêmes, au
moment de la reprise du travail. Nous placerions la
disparition du premier contrat au moment même où
la novation fait apparaître le second. Mais la solution
resterait identique : car la date et la cause de
l'anéantissement du premier contrat importe peu,
dès lors qu'il se forme, fût-ce au même instant, un
nouvel accord qui fait que l'ouvrier doit être regardé
comme occupé depuis moins de douze mois avant

(1) Voir *supra*, p. 88 et suiv.

l'accident. La période de la grève entrerait donc
dans le calcul du salaire de base, non comme
période de chômage, mais comme période complémentaire des douze mois. — Cette explication ne peut
encore être admise : car elle présente ce vice de ne
pouvoir fonctionner qu'autant que la grève amène
un changement dans le contrat originaire, et d'être
inapplicable si le travail est repris aux mêmes conditions, ce qui ne permet plus d'invoquer l'idée de
novation. Or, nous l'avons dit déjà (1), les solutions
ne peuvent varier selon l'issue de la grève, qui n'est
qu'une contingence sans portée possible sur les droits
respectifs des parties.

C'est à M. Planiol que revient l'idée qui doit,
croyons-nous, mettre fin à notre embarras. Il l'a
exposée dans les termes suivants à la fin de la note
déjà citée sous l'arrêt de la Cour de cassation du
4 mai 1904 : « Admettons... que le contrat de louage
« de services soit anéanti par la grève. On n'est pas
« pour cela conduit à la solution qu'a adoptée, dans
« l'arrêt ci-dessus, la Chambre civile. Parce que
« le contrat primitif a été remplacé par un autre,
« après un intervalle de quelques jours ou de quel-
« ques semaines, il n'y a pas lieu de considérer
« l'ouvrier repris par son patron comme un nouvel
« embauché, travaillant depuis moins de douze
« mois dans l'usine. Ce n'est pas là l'hypothèse prévue
« par l'alinéa 2 de l'art. 10 de la loi du 9 avril 1898,
« lequel a été fait pour les ouvriers ayant travaillé

(1) Voir *supra*, p. 89 et suiv.

« moins d'une année pour le même patron. A ce
« point de vue, l'arrêt du travail causé par la grève
« est indifférent, car on peut supposer qu'il se
« réduit au point de devenir nul ».

Ainsi, l'idée de novation acceptée par M. Planiol
comme elle l'est par nous-même, n'est, dans l'esprit
de la loi du 9 avril 1898, nullement incompatible
avec l'application à l'ouvrier gréviste de l'alinéa 1 de
l'art. 10 de cette loi, et il n'y a aucune contradiction
à traiter cet ouvrier comme occupé depuis douze
mois dans l'usine s'il est entré au service du patron
un an ou plus avant l'accident. Il est indéniable que,
dans l'esprit des parties, la reprise du travail, même
à des conditions nouvelles, ne constitue pas un
contrat nouveau distinct du premier, et n'équivaut
pas à un réembauchage. La grève, ne faisant pas
disparaître le rapport contractuel qui unit le patron
aux ouvriers, ne peut produire d'effets sur le contrat
que ceux résultant de la suspension temporaire
d'exécution : or cette suspension est à coup sûr
totalement étrangère à l'application de la loi sur les
accidents, qui doit se déterminer uniquement par le
principe du maintien du lien conventionnel. On
peut supposer qu'en dehors de toute grève un
ouvrier reçoit de son patron une augmentation de
salaires ou que le mode de son travail subit une
modification quelconque. Si ce changement survient
moins de douze mois avant l'accident, dira-t-on
qu'il faudra ne considérer l'ouvrier comme occupé
dans l'entreprise qu'à partir de cette date? Assurément non. La grève fait naître la même situation, si
ce n'est que le changement est imposé au patron.

Mais qu'importe! Il suffit que, dans notre système de la survivance du contrat de travail à la déclaration de la grève, il n'y ait pas d'interruption entre ce contrat et la convention modifiée qui lui succède immédiatement, pour qu'on ne puisse considérer l'ouvrier repris par le patron comme un nouvel embauché.

L'ouvrier gréviste entré dans l'usine douze mois et plus avant l'accident, qui reprend son travail, la grève finie, moins de douze mois avant cet accident, doit donc être traité comme l'ouvrier occupé depuis douze mois, et son salaire de base doit se composer de trois éléments : 1° le salaire effectif qu'il a touché durant la période des douze mois écoulée jusqu'à la grève ; 2° le salaire moyen qu'il aurait touché pendant le temps de la grève ; 3° le salaire effectif qu'il a touché depuis sa réintégration au service du patron.

*
* *

Mais ce n'est pas tout encore ; et une dernière difficulté se soulève, qui appelle une explication précise.

La solution que nous venons d'émettre est-elle absolue et indépendante de toute appréciation sur le caractère tant de la grève elle-même que de la part qu'y a prise l'ouvrier victime de l'accident ?

Nous savons que, dans le système de la Cour de cassation, il n'y a pas lieu de se préoccuper du caractère de la grève. Dès lors que l'ouvrier est tenu pour nouvel embauché à partir de la reprise du travail, son salaire de base se composera du salaire moyen touché par les ouvriers de la même catégorie pendant le temps nécessaire pour compléter les douze mois en remontant en arrière depuis cette date, plus du salaire effectif touché depuis la rentrée à l'usine. L'ouvrier a-t-il volontairement participé à la grève? La grève était-elle légitime ou abusive? Questions oiseuses, ou qui, pour mieux dire, ne se posent pas.

Dans notre système, au contraire, l'ouvrier étant considéré comme occupé dans l'usine depuis douze mois avant l'accident, et le travail ayant, pendant ces douze mois, subi un arrêt, ne devenons-nous pas directement justiciables de la distinction, faite par la jurisprudence avant la loi du 2 avril 1905, consacrée expressément par cette loi dans l'alinéa 4 qu'elle a ajouté à l'art. 10 de la loi du 9 avril 1898, entre le chômage volontaire et le chômage involontaire? Nous l'avons entendu soutenir. Si vous partez de cette idée, nous a-t-on dit, que la grève ne fait que suspendre l'exécution du contrat, vous êtes bien obligé de reconnaître que cette suspension est un chômage; alors, vous tombez sous le coup de la nouvelle disposition légale qui ne permet de faire entrer dans le salaire de base celui correspondant à une période de chômage, que si ce chômage est à la fois exceptionnel et indépendant de la volonté de l'ouvrier. Exceptionnel, le chômage résultant de la grève l'est toujours; indépendant de la volonté de l'ouvrier, il ne le sera que dans les hypothèses où, comme nous l'avons dit précédemment (1), l'ouvrier aura

(1) Voir *supra*, p. 21 et suiv.

subi une violence physique ou aura été mis dans
l'impossibilité de travailler par suite de l'immobili-
sation de l'industrie à laquelle il était attaché. Hors
ces cas, la grève est un chômage volontaire, et
l'ouvrier qui y participe, ayant abaissé, par son fait,
son salaire, doit en supporter les conséquences par
le retranchement de la période de chômage. Pour
avoir voulu abandonner la théorie de la Cour.
suprême, vous vous êtes placé sous l'empire du
régime du chômage : et vous amputez le salaire de
l'ouvrier qui s'est associé à une grève légitime, alors
que vous avez reconnu qu'il ne commet en cela
aucune faute.

Le raisonnement semble pressant. Cependant,
nous ne le croyons nullement fondé.

D'abord, nous sommes convaincu que, dans la
nouvelle rédaction donnée par la loi du 2 avril 1905
à l'art. 10 de la loi du 9 avril 1898, le législateur n'a
pas eu en vue le chômage résultant de la grève :
nous ne sommes donc pas lié par une disposition
légale, qui est demeurée étrangère à la question que
nous examinons. Notre conviction, à cet égard, se
fonde sur les conditions dans lesquelles a été votée
cette addition à l'art. 10 de la loi du 9 avril 1898, que
nous rappelons brièvement.

La Chambre des députés avait adopté, le 3 juin
1901, à l'unanimité des votants, un projet apportant
un certain nombre de modifications à la loi du
9 avril 1898. Transmis au Sénat, ce projet ne fut
point accepté par cette Assemblée qui en détacha
un certain nombre de dispositions présentant ce
double caractère d'être particulièrement urgentes et

de ne soulever aucune contestation. Ces dispositions disjointes devinrent la loi du 22 mars 1902. Le surplus du projet ajourné par le Sénat vint en première lecture devant lui au mois de juin 1904, sur un rapport déposé par M. Chovet à la date du 17 mars 1904 (1). L'art. 10 du projet figurant dans ce rapport se composait de trois paragraphes reproduisant la rédaction de la loi de 1898, sauf une très légère rectification, étrangère d'ailleurs à l'hypothèse d'un chômage auquel on ne songeait point alors à consacrer une disposition expresse.

L'art. 10 de ce projet, étant venu en première délibération à la séance du Sénat du 17 juin 1904, fut adopté sans discusssion (2).

Lors de la seconde délibération qui eut lieu devant le Sénat dans la séance du 1er décembre 1904, l'art. 10 du projet réapparut, mais additionné d'un quatrième paragraphe ainsi conçu : « Si, pendant « les périodes visées aux alinéas précédents, l'ouvrier « a chômé exceptionnellement et pour des causes « indépendantes de sa volonté, il est fait état du « salaire moyen correspondant à ces chômages ».

Comment cette addition avait-elle été introduite dans le texte entre les deux délibérations de la Haute Assemblée ? — Il est difficile de le savoir, aucun rapport complémentaire n'en faisant mention. Il paraît vraisemblable qu'elle a été le résultat d'un amendement soumis entre temps à la Commission

(1) *Journal officiel* : Docum. parlem., Sénat, 1904, annexe n° 84, p. 167.

(2) *Journal officiel* du 18 juin 1904, Débats parlem., Sénat; session ordinaire de 1904, p. 574.

par M. Félix Martin et accepté par elle. Aucune discussion ne s'est, d'ailleurs, produite devant le Sénat sur le principe de cette disposition additionnelle qu'aucun orateur n'a songé à expliquer à la tribune. M. Félix Martin, le rapporteur et le commissaire du gouvernement se sont bornés à ferrailler sur une question de rédaction et, finalement, le texte proposé a été voté avec une légère retouche; les mots : « ... il est fait état du salaire moyen correspondant à ces chômages... », ont été remplacés par ceux-ci : « ... il est fait état du salaire moyen qui eût correspondu à ces chômages... » (1).

Transmis à la Chambre des députés, le projet fut l'objet d'un rapport de M. Mirman (2), qui ne s'expliqua pas davantage sur la portée de la disposition additionnelle : « L'art. 10, écrit le rapporteur, for-
« mule les règles suivant lesquelles doit être
« déterminé le salaire servant de base à la fixation
« des rentes. La Chambre, en 1901, avait modifié le
« texte dudit article; le Sénat accepte cette modifi-
« cation et ajoute, avec beaucoup de raison, la dis-
« position suivante : (le rapporteur reproduit *in*
« *extenso* le texte voté par le Sénat) ».

Et c'est dans ces conditions que, dans sa séance du 24 mars 1905, la Chambre votait sans discussion le texte qui a été promulgué le 2 avril suivant (3).

(1) *Journ. offic.* du 2 décembre 1904. — Débats parlementaires, Sénat, session extraordinaire de 1904, p. 981.

(2) *Journ. offic.* — Documents parlementaires, Chambre des Députés. année 1904, annexe n° 2181, p. 489.

(3) *Journ. off.* du 25 mars 1905. — Débats parlementaires, Chambre des Députés, session ordinaire de 1905, p. 1049.

Les travaux préparatoires démontrent donc qu'à aucun moment la pensée du législateur ne s'est portée sur l'hypothèse de la grève. Est-il possible de croire, en effet, que, si la disposition additionnelle visant le chômage avait pu être considérée par ses auteurs comme applicable à l'arrêt du travail provenant de la grève, aucune discussion ne se serait élevée sur une solution aussi défavorable aux intétérêts ouvriers? Les partisans de la cause des travailleurs au sein du Parlement n'auraient certes pas manqué cette occasion de la défendre, et ils auraient été en bonne posture pour protester, alors que la Cour de cassation consacrait une solution de libéralisme absolu ayant pour résultat de comprendre en toute hypothèse dans le salaire de base le salaire afférent à la période de grève. Nous nous refusons à voir dans le texte nouveau la réglementation d'une situation qui, incontestablement, n'est entrée ni de loin ni de près dans les préoccupations du législateur.

La grève ne doit-elle donc exercer aucune influence sur la détermination du salaire de base? Si la Cour de cassation est conduite par son point de départ à l'admettre; nous serons, pour cette fois, moins large qu'elle. Car nous pouvons faire état d'un élément qu'elle est contrainte de négliger, celui qui a jusqu'à présent inspiré toutes nos solutions et qui réapparaît logiquement ici, à savoir l'appréciation du caractère de la grève. Si la grève n'est pas abusive, elle est l'exercice d'un droit : l'ouvrier n'encourt aucune responsabilité en y participant ; il doit par suite voir son salaire de base fixé comme s'il avait travaillé pendant la période d'arrêt, puisque la suspension du travail ne peut constituer un grief à son encontre, et qu'elle est au contraire présumée imputable à une faute du patron. Que si, au contraire, la grève est abusive, si elle cesse d'être l'exercice d'un droit, l'ouvrier qui s'y associe volontairement fait subir par sa faute à son salaire un retranchement correspondant; il est dans la situation de celui qui, par incurie ou paresse, cesse de travailler. Celui-là ne peut invoquer son salaire, comme base des réparations forfaitaires auxquelles un accident qu'il subit donne ouverture en sa faveur ou au profit de ses ayants-droit, que dans la mesure dans laquelle il a rempli ses obligations; pour le surplus, il a par son fait fait disparaître son salaire; et, dans cette mesure, il s'est dépouillé de son droit à indemnité.

Nous avons, sur ce point encore, le plaisir de nous rencontrer avec M. Planiol qui, dans sa note précitée, ne peut se résoudre à accepter l'application à la grève de la distinction du chômage volontaire et du chômage involontaire, mais qui prend soin de limiter sa critique au cas où la grève est l'exercice d'un droit pour l'ouvrier. Parmi les solutions de la jurisprudence (et l'auteur fait principalement allusion à la distinction du chômage volontaire et du chômage involontaire), « il en est une, dit-il, qui « paraît regrettable : c'est celle qui retranche du « salaire annuel le montant des journées de grève, « quand l'ouvrier a cessé volontairement le travail. « Elle conduit à ce résultat inadmissible que, si la « grève s'est prolongée pendant de longs mois, le « salaire annuel sera diminué dans une proportion

« •énorme, et la rente accordée à l'ouvrier blessé
« sera dérisoire. Pourtant, la grève est un droit
« pour l'ouvrier, elle peut avoir été justifiée par ses
« motifs et conduite d'une manière irréprochable.
« Pourquoi ramener à un chiffre bas la rente servie
« à l'ouvrier parce que l'accident est survenu moins
« d'un an après la grève? La justice et la vérité
« juridique, qui sont ici d'accord, voudraient que le
« salaire de base ne subît de diminution qu'à raison
•« des chômages *fautifs*, ceux qui sont dûs à la
« paresse ou à l'incurie de l'ouvrier. Or, la grève
« n'est pas nécessairement une faute ».

C'est bien là une application de notre distinction
systématisée, idée mère de notre étude, entre la
grève-droit et la grève-faute. Elle est, ici comme
dans ses autres conséquences, aussi équitable que
juridique.

§ II. — Du Contrat de travail à durée déterminée.

Les principes que nous avons posés ne peuvent
laisser place, en ce qui concerne le contrat à durée
déterminée, à aucune hésitation.

Que le contrat subsiste pendant la période de grève,
c'est ce qui n'est pas, c'est ce qui ne peut pas être
discuté. Il s'agit uniquement de savoir quelles
peuvent être les conséquences de la suspension du
travail et de l'inexécution par l'ouvrier de ses obligations.

Au point de vue des dommages-intérêts, nous
n'avons qu'à reproduire la solution que nous avons

adoptée pour le contrat à durée indéterminée. L'ouvrier sera ou non passible de dommages-intérêts au
profit du patron selon que la grève sera ou ne sera
pas abusive.

La même distinction commandera la question de
savoir si le patron est tenu ou non de reprendre les
ouvriers grévistes, avec les restrictions que nous
avons signalées à propos du contrat à durée indéterminée. — Il existe toutefois entre les deux situations une nuance théorique qu'il est intéressant de
mettre en lumière. Lorsque nous avons justifié le
droit que nous reconnaissions au patron, dans le
contrat à durée indéterminée, de ne pas reprendre
les ouvriers grévistes qu'il lui plaisait d'éliminer à
raison du caractère abusif de la grève, nous avons
dû faire appel à la faculté de résiliation unilatérale
que lui ouvre l'art. 1780 du Code civil, et dont
l'usage était légitime de sa part vis-à-vis de coalisés
qui avaient commis un abus de leur droit. La même
justification ne peut plus être fournie dans le contrat à durée déterminée, auquel l'art. 1780 est inapplicable; mais le droit de refuser la réintégration de
ses anciens ouvriers, si le patron n'en trouve plus
le fondement dans une faculté de résiliation unilatérale, lui est conféré par celui de demander à leur
encontre, en vertu de l'art. 1184 du Code civil, la
résolution du contrat pour cause d'inexécution non
légitime de leurs engagements. Le résultat, d'ailleurs,
ne se modifie pas : que le patron s'arme de l'art 1780
ou qu'il excipe de l'art. 1184, c'est toujours l'anéantissement juridique du contrat qu'il poursuit, et la
condition sous laquelle il peut, pour y parvenir, user

de l'un et de l'autre de ces moyens, demeure la
même ; c'est toujours la déclaration abusive de la
grève. S'il parvient à la démontrer, il établit du
même coup son droit de s'opposer à la réintégration
de ses ouvriers, soit en leur donnant congé par
application de l'art. 1780 s'il est lié à eux par un
contrat de durée indéterminée, soit en faisant prononcer à leur encontre la résolution du contrat
dans les termes de l'art. 1184, si ce contrat est d'une
durée déterminée. A la vérité, en ce dernier cas, la
résolution n'aura pas lieu de plein droit et devra
être prononcée en justice ; mais, la différence n'est
même pas pratiquement sensible, car, dès lors qu'il
y aura contestation, le tribunal sera toujours nécessairement appelé à vérifier l'application de l'art. 1780
comme celle de l'art. 1184.

Enfin, il va de soi que ce que nous avons
admis, à propos du contrat à durée indéterminée,
relativement au calcul du salaire de base en cas
d'accident du travail, demeure à plus forte raison
exact du contrat à durée déterminée, vis-à-vis
duquel ne se pose même pas la question du maintien de l'existence du contrat pendant la période de
grève, ce maintien résultant de la nature même du
contrat et de l'impossibilité de lui appliquer
l'art. 1780 du Code civil. Nous ne doutons pas que
la jurisprudence serait amenée à la même solution
si elle avait à statuer sur l'hypothèse d'un contrat à
durée déterminée : nous ne voyons pas comment
elle pourrait décider que le contrat prend fin par la
grève, puisque l'art. 1780 ne serait plus en jeu.
Force lui serait bien, alors, de traiter l'ouvrier

8

comme engagé depuis douze mois avant l'accident.
Cette observation met en relief le caractère arbi-
traire de son système : pourquoi faire, en effet, une
situation différente à l'ouvrier victime d'un accident,
selon que la durée du contrat est déterminée ou
non ?

§ III. — Convention dite « de prévenance » ou « de préavis ».

Nous savons que la jurisprudence considère
l'inobservation de cette convention, en cas de déclaration de grève soudaine, suivie immédiatement de
la cessation du travail, comme engageant la responsabilité contractuelle de l'ouvrier : c'est la décision
formelle de l'arrêt de la Chambre des requêtes du
18 mars 1902 (1). La solution était inévitable dans
le système assimilateur de l'acte collectif et de l'acte
individuel.

Nous avons à rechercher si notre thèse, qui soustrait l'ouvrier, en cas de grève non abusive, à la responsabilité contractuelle qui résulterait à sa charge,
s'il agissait individuellement, de la violation des
conventions qui le lient à son patron, doit nous conduire au résultat inverse de celui auquel aboutit la
jurisprudence, c'est-à-dire à l'impossibilité, pour le
patron, de se prévaloir de la brusque suspension du
travail, sans délai de préavis, pour demander à ses
ouvriers des dommages-intérêts. La question ne
peut, bien entendu, se concevoir que si la grève,

(1) Voir *supra*, p. 37 et suiv.

envisagée dans ses motifs, n'a rien d'abusif : dans le
cas contraire, il est bien évident que, l'ouvrier com-
mettant une faute par la simple suspension du travail, l'accentue et l'aggrave par la soudaineté de cette
suspension. Nous supposons une grève justifiée, cons-
tituant de la part des ouvriers l'exercice légitime
d'un droit. Nous les avons déclarés indemnes de
toute action en dommages-intérêts à raison de
l'arrêt du travail et de l'inexécution de leurs
obligations durant le temps de la grève ; nous
avons dénié aux patrons le droit de refuser leur
réintégration. N'en demeurent-ils pas moins tenus de
respecter le délai de prévenance expressément ou
tacitement convenu, et de ne quitter le travail
qu'après l'expiration de ce délai ; et peuvent-ils être,
de ce chef, condamnés à des dommages-intérêts ?

L'auteur anonyme de l'article précité des *Annales
de Droit commercial et industriel* (p. 371) professe
la négative. « Les délais de prévenance, dit-il, sont
« affaire d'usage, et c'est l'usage, par conséquent, qui
« en circonscrit la portée. Or, jamais on n'a vu écla-
« ter une grève avec suspension de son exécution
« jusqu'à ce qu'un délai de huit ou quinze jours fût
« expiré : le délai de prévenance est incompatible
« avec la grève et constitue, avec elle, un vrai non-
« sens. On donne huit jours à un patron pour qu'il
« ait le loisir de remplacer l'ouvrier qui le quitte ;
« dans la grève on ne veut pas être remplacé par
« d'autres, on prétend imposer au patron des condi-
« tions nouvelles avec la conservation de son per-
« sonnel. La situation est toute autre lorsqu'un
« ouvrier est embauché dans une maison, à suppo-

« ser qu'il souscrive à un délai éventuel de sortie
« pour le cas où son contrat se dénoncerait. Cette
« convention ne vise que la rupture individuelle du
« contrat et non pas la rupture en masse qui s'ap-
« pelle la grève. C'est ainsi que doivent normalement
« s'interpréter les intentions ».

Nous avons trop critiqué la jurisprudence de ne
pas tenir compte de l'élément intentionnel qui préside à l'acte collectif pour négliger la différence qui
sépare, au point de vue spécial de l'observation du
délai de prévenance, la cessation en masse du travail et celle qui est le fait d'un ouvrier isolé. L'appréciation qui précède contient certainement une
part de vérité en tant que le délai de prévenance ne
peut avoir la même fonction en cas de grève qu'en
cas de résiliation individuelle du contrat de travail.
Il est juste de dire que, lorsque l'employé se sépare
individuellement de son maître, il sait que ce dernier le remplacera dans son service ; il doit donc lui
continuer son concours durant le temps que l'usage
détermine comme nécessaire au maître pour lui
trouver un remplaçant. Les ouvriers qui se mettent
en grève ne peuvent avoir cette pensée et se considérer comme tenus de cette obligation, puisqu'il ne
s'agit pas pour eux de rompre avec leur patron,
mais seulement de suspendre pour un temps l'exécution du contrat, ce qui est exclusif de leur remplacement par d'autres ouvriers. Du reste, ce remplacement n'est-il pas, en principe, impossible juridiquement, le contrat, même à durée indéterminée,
subsistant pendant la grève, et irréalisable en fait, le
patron ne pouvant pratiquement engager, en cas de

grève générale, ou même partielle si elle a pris une certaine extension, la masse ou le groupe d'ouvriers qu'il lui faudrait mettre à la place des coalisés? Il est évident qu'un délai de prévenance, de huitaine, ou même de quinzaine, ne pourrait, dans une pareille situation, jouer le rôle de période de remplacement qu'il joue dans la résiliation des contrats individuels, et qu'il serait, sous ce rapport, sans effet. Le délai de prévenance, n'étant, en d'autres termes, qu'un tempérament apporté par l'usage à la résiliation du contrat par la volonté de l'une des parties et à l'application trop rigoureuse de la faculté de congé unilatéral ouverte par l'art. 1780 du Code civil, ne peut se concevoir avec ce caractère, dans une théorie qui pose en principe le maintien du contrat en cas de grève.

Est-ce à dire pour autant que, comme on le soutient dans les lignes citées plus haut, l'observation d'un délai soit incompatible avec la grève et constitue un vrai non-sens? Cette affirmation, selon nous, est inexacte. Si un délai ne répond pas au même besoin en cas de cessation du travail par suite de grève, qu'en cas de résiliation d'un louage de services isolé, il ne s'ensuit pas qu'il ne puisse se concevoir avec une utilité qui, pour être différente, n'en sera pas moins réelle. Dans tout conflit, quel qu'il soit, la correction veut qu'avant d'entrer en lutte ouverte, les adversaires se fassent au moins connaître leurs prétentions, s'essaient à se convaincre respectivement de leur bien-fondé, et cherchent à se concilier, si faire se peut. Le recours brusque aux hostilités est un procédé sauvage et

violent qui n'est pas de mise dans les sociétés civi-
lisées. Il importe à l'ordre public qu'un certain délai
s'écoule entre le moment où le désaccord s'élève et
l'emploi de la force; il faut que celui contre lequel
une revendication est formulée ait le temps de l'examiner, de la peser, de préparer la défense qu'elle
comporte, de lui faire la réponse qui peut amener
celui dont elle émane à l'abandonner en tout ou en
partie. Engagée soudainement, sans ces précautions
qui relèvent du droit naturel, la lutte n'est plus
qu'une surprise; elle peut dégénérer en un guet-
apens.

Ces idées se retrouvent dans toutes les sphères. De
récents évènements tendent à démontrer que, dans
les conflits armés entre nations, les formes constitutives de l'état de guerre tendent à se simplifier, et
la déclaration de guerre à se réduire au premier
coup de canon. Mais les peuples ne sont pas encore
revenus à ce degré de barbarie qu'une armée
massée derrière une frontière la franchisse brusquement et fonde à l'improviste sur le voisin avant que
celui-ci ait pu savoir à l'appui de quelle prétention
l'envahisseur foule ainsi son sol. Les moyens d'in-
formation et de pénétration internationaux rendent
en fait irréalisable une semblable supposition : et,
s'il arrivait que le hasard amenât en contact deux
drapeaux et provoquât entre eux une rivalité impré-
vue, ceux qui les portent seraient assez sages pour
laisser à la diplomatie le soin de régler sans effusion
de sang la question d'intérêt national ou d'honneur
militaire que leur rencontre pourrait faire surgir.

Les conflits armés entre particuliers ont, eux aussi,

leurs régles étroites et sont précédés d'une demande
de réparation qui, en cas d'insuccès, aboutit à la
constitution d'une sorte de convention de combat
qui sauvegarde la défense des deux adversaires.
Celui qui, ayant à obtenir satisfaction d'un outrage,
se présenterait chez celui auquel il l'attribue une
épée à la main ou un pistolet au poing, et le force-
rait à combattre sur le champ, commettrait un acte
qui cesserait d'être protégé par l'immunité morale
du duel et serait justiciable de la loi répressive.

Le législateur a imposé aux plaideurs, sauf dans
les cas où elle apparaît comme inutile, l'épreuve
préalable d'une tentative de conciliation ; il a
entouré, dans toutes les hypothèses et devant toutes
les juridictions, le droit de défense de garanties
minutieuses destinées à assurer la sincérité du débat
de sorte qu'on peut dire avec exactitude que, si le
plaideur malheureux n'a pas été éclairé sur ses
droits, c'est qu'il n'a pas voulu l'être.

Pourquoi les ouvriers qui emploient, pour faire
triompher une revendication, le moyen licite de la
cessation concertée du travail, auraient-ils ce privi-
lège de n'avoir à prendre aucune précaution, de
pouvoir agir avec brusquerie, et d'être en droit, sur
l'heure, de quitter l'usine en notifiant à leur patron
leurs exigences? Si cette brutalité était légitime, elle
serait aussi contraire à leur cause qu'aux intérêts
patronaux. Nous nous refusons pour notre part à
admettre qu'elle pourra être commise sans sanction.
La loi du 27 décembre 1892 sur la conciliation et
l'arbitrage facultatifs en matière de différends collectifs entre patrons et ouvriers est une preuve que

le législateur désire que la grève soit précédée d'une
tentative d'arrangement. Jusqu'ici, cette tentative
n'est point imposée aux parties ; elles y sont seulement conviées. Le jour est peut-être prochain où le
Parlement rendra obligatoire la procédure de conciliation et même d'arbitrage. La loi ne fait en cela
que suivre le mouvement des idées et qu'appliquer
à la grève une organisation qui est la résultante de
principes généraux dominant toutes les situations
litigieuses et tous les conflits humains.

Nous estimons donc que la déclaration de la grève
ne peut, impunément, être brusque et inopinée. Non
pas que nous songions à transporter ici, telle qu'elle
fonctionne vis-à-vis d'un contrat individuellement
envisagé, la convention dite « de prévenance ».
laquelle, destinée à permettre le remplacement de
l'employé qui quitte son patron, n'aurait pas d'objet
en cas de grève. Mais nous croyons fermement que
les ouvriers sont tenus, avant de cesser le travail,
de faire auprès de leur patron une démarche destinée à porter à sa connaissance, sous une forme nette
et précise, les revendications qui lui sont adressées,
en lui laissant le temps nécessaire pour qu'il les
examine et formule sa réponse. Cette obligation
des ouvriers est d'autant plus certaine que la loi du
27 décembre 1892 leur offre le moyen de la remplir.
Si elle n'est pas respectée, si ceux-ci quittent brusquement leurs postes, la sanction résidera dans la
possibilité de considérer la grève comme abusive,
avec toutes les conséquences qui en découlent.

Nous savons déjà que la jurisprudence a fait un

pas dans cette voie. Nous avons cité (1) deux jugements émanés du Conseil des prud'hommes de Reims
qui ont vu dans une démarche de cette nature, antérieure à la grève, et consistant dans un avis de comparution devant le juge de paix envoyé au patron,
l'équivalent du délai de préavis. M. Pic (2) approuve
la distinction ainsi faite entre la rupture réellement
brusque et inopinée et celle qui est précédée de négociations infructueuses, la jugeant « aussi ration-
nelle qu'équitable ». Nous nous rencontrons donc
avec lui sur la thèse que nous venons de défendre
et, espérons-nous, de justifier (3).

(1) Voir *supra*, p. 39 et 40.
(2) Art. précité, p. 36.
(3) La proposition de loi, déposée par M. Millerand sur le bureau
de la Chambre des Députés, et organisant le règlement amiable des
différends relatifs aux conditions du travail, s'est largement inspirée
des considérations que nous venons d'émettre (*Journ. offic.*, docum.
parlem., Chambre, session extraord. de 1902, séance du 14 octobre 1902, annexe n° 323, p. 75). « Ce serait se leurrer étrangement,
« dit M. Millerand dans son exposé des motifs, que d'espérer, quels
« que soient les moyens employés pour prévenir les grèves, que ce
« procédé extrême de lutte ne sera plus jamais employé. Mais on
« peut chercher à rendre la grève plus rare. On peut faire précéder
« la déclaration de grève de formalités qui laissent le temps d'en
« envisager toutes les conséquences avec sang-froid. *Il ne faut plus*
« *qu'une décision aussi grave soit prise subitement*, dans un moment
d'affolement ou de surexcitation... ». Et la proposition établit toute
une procédure préalable à la déclaration de la grève, en vue d'éviter les malentendus et d'éclairer les deux partis sur l'objet exact de
leur conflit.

CONCLUSION

Nous avons terminé l'examen critique des systèmes par lesquels la jurisprudence et la doctrine
ont cru déterminer l'influence du droit de grève sur
le contrat de travail. Le moment est venu de donner
à notre étude le couronnement qu'elle comporte, en
réunissant les éléments théoriques que nous avons
successivement dégagés, dans un exposé synthétique
qui permette d'embrasser d'un coup d'œil d'ensemble
les résultats de la construction juridique que nous
avons tentée. Cette condensation n'est pas seulement nécessaire pour fixer une doctrine qui risque-
rait de demeurer flottante : elle l'est aussi pour en
faire apparaître les conséquences pratiques, et pour
préciser les desiderata à la réalisation desquels conduit inévitablement, à nos yeux, la constatation de
l'insuffisance actuelle de la réglementation législative du droit de grève.

L'idée dominante, qui a inspiré toute notre étude,
réside essentiellement dans l'adaptation que nous
avons cherché à faire des principes de droit commun qui régissent le contrat de travail individuellement envisagé à la situation créée par la grève.

Cette recherche nous a placé d'abord en présence d'une conception simple, consistant à assimiler la cessation individuelle du travail et sa cessation collective. Nous avons constaté que c'est à ce principe d'assimilation que la jurisprudence française s'en était jusqu'à présent, exclusivement tenue, et nous avons parcouru, aux divers points de vue qui en font apparaître l'application pratique, les conséquences qu'il comporte. Ces conséquences se sont manifestées comme étant, dans leur généralité, rigoureuses pour les intérêts ouvriers, par la triple sanction qu'elles attachent à l'inexécution du travail promis : condamnation des ouvriers grévistes à des dommages-intérêts, légitimité du refus opposé par le patron à leur réintégration, nécessité de l'observation du délai de prévenance.

Sur un point seulement, le système jurisprudentiel s'est départi de cette rigueur en faisant entrer dans tous les cas la période de grève dans la computation du salaire de base servant au calcul des indemnités dues aux ouvriers victimes d'accidents du travail, sans laisser place à aucune appréciation relativement aux causes ou aux motifs de la coalition.

Nous n'avons pas accepté cette conception individualiste. Avec la doctrine la plus récente, nous avons estimé et, pensons-nous, démontré qu'elle reposait sur une base inexacte, et que l'identification de la cessation individuelle et de la cessation concertée et collective du travail était impossible.

Au principe assimilateur posé par la jurisprudence que la cessation du travail, qu'elle soit collec-

tive ou isolée, implique la volonté de mettre fin au
contrat, nous avons opposé, en le vérifiant par les
faits, le principe inverse d'une distinction radicale à
établir entre l'une et l'autre. Nous avons dit que,
loin de révéler, comme l'abstention individuelle,
l'intention d'anéantir définitivement le lien conventionnel, l'abstention collective affirmait, au contraire,
celle de le maintenir, mais de suspendre pour un
temps l'exécution du contrat en vue de contraindre
le patron à l'améliorer matériellement, ou à consentir certaines satisfactions morales présentant avec
lui une relation plus ou moins étroite. Et nous
avons fait naître, par la seule introduction dans le
débat de cet élément de fait, directement puisé dans
une réalité économique et sociale, tout un problème
juridique, dont nous nous sommes efforcé de pénétrer par une analyse rigoureuse toutes les com-
plexités.

Ce problème s'est concentré sur la conciliation du
droit de grève et de l'obligation contractuelle de l'ouvrier au travail. En partant de cette idée vraie que la
grève ne met pas fin au contrat, mais ne fait qu'en suspendre temporairement l'exécution, nous nous sommes heurté à la responsabilité contractuelle théoriquement encourue par l'ouvrier du fait de l'inexécution
du contrat subsistant, ainsi qu'aux théories extrêmes
qui, dans le conflit du droit de grève et du droit né
de la convention, sacrifient respectivement l'un à
l'autre. Ces deux systèmes nous ont paru également
inadmissibles : le premier, qui affirme la prédominance invariable du droit conventionnel sur le droit
de grève, parce qu'il ne tient pas compte de l'intérêt

collectif pour la protection duquel ce second droit
est exercé et des nécessités économiques qui sont
susceptibles de le justifier; le second qui confère au
droit de grève une puissance supérieure devant
laquelle doit toujours fléchir le respect de la convention, parce qu'il exagère et dénature, en le faisant
dégénérer en un simple état de fait, un droit qui ne
conserve sa légitimité qu'à la condition d'être invo-
qué pour la réalisation justifiée des besoins auxquels il répond. Et c'est ainsi que nous avons été
naturellement conduit à cette solution éminemment
juridique, dans son principe, de la limitation des
deux droits en conflit par l'obligation de n'en point
faire un usage abusif, mais d'une portée extensive
dans son application, par la conception large des
éléments devant servir à l'appréciation de l'abus de
ces droits rivaux. Aux patrons, comme aux ouvriers,
nous avons dit : « Vous avez les uns et les autres,
vous, patrons, dans le droit que vous confère la convention d'exiger des ouvriers le travail qu'ils vous
ont promis; — vous, ouvriers, dans le droit que
vous donne la loi de faire triompher vos revendications par la suspension concertée du travail, deux
droits également respectables, mais que vous ne
pouvez exercer que dans une mesure légitime et
exempte de tout caractère abusif. Si vous dépassez
cette mesure, économiquement appréciée, vous com-
mettez une faute qui produit à votre rencontre ses
conséquences juridiques normales, et qui réagit conformément au droit commun sur le contrat qui
vous lie ».

Et nous avons été amené à cette conclusion que,

tandis que l'ouvrier isolé qui cesse le travail se soumet à toutes les conséquences de l'inexécution de son engagement, les ouvriers qui le suspendent en se mettant en grève n'en encourent aucune, tant que la grève ne devient pas abusive et qu'elle n'est que l'exercice normal de leur droit légal de coalition.

D'où l'impossibilité, en pareil cas, pour le patron, de réclamer aux ouvriers grévistes des dommages-intérêts, et l'obligation de les réintégrer lors de la cessation de la grève, sous la réserve des tempéraments commandés par les lois économiques de la concurrence et par les effets de la crise plus ou moins prolongée infligée à l'entreprise par l'interruption du travail.

Nous nous sommes refusé, par contre, à admettre que la grève pût être déclarée brusquement et inopinément, et nous avons imposé aux ouvriers le respect d'un délai préalable à la cessation du travail, dont l'inobservation constitue à leur charge un mode abusif de l'exercice de leur droit.

Nous avons enfin, au point de vue de l'application de la législation sur les accidents du travail, considéré la grève comme une cause de chômage qui, bien que volontaire, n'entraîne aucune diminution du salaire de base, si elle n'est empreinte d'aucun caractère abusif.

∴

Telle est, synthétisée et ramenée à ses données essentielles, notre construction juridique.

Elle offre un remarquable exemple de l'influence

que peuvent et que doivent exercer sur le droit civil
les considérations empruntées à la science économique. Elle peut servir de démonstration à ceux qui
pensent avec nous que le Code civil n'est point cette
œuvre rigide et inflexible, à laquelle une méthode
d'interprétation qui a été trop longtemps en honneur
a voulu attribuer un caractère étroit d'intangible
fixité, mais qu'il n'est qu'un fond commun de principes, dont l'accommodation aux situations nouvelles,
non prévues lors de sa rédaction, a été abandonnée
par ses auteurs à la clairvoyance de ceux auxquels
a été confié le soin de l'appliquer.

« Le juge, a dit M. Ballot-Beaupré, premier prési-
« dent de la Cour de cassation, dans le magistral
« discours qu'il a prononcé le 29 octobre 1904, au
« cours de la célébration du centenaire du Code
« civil..., ne doit pas s'attarder à rechercher obstiné-
« ment quelle a été, il y a cent ans, la pensée des
« auteurs du Code en rédigeant tel ou tel article ; il
« doit se demander ce qu'elle serait si le même
« article était aujourd'hui rédigé par eux ; il doit se
« dire qu'en présence de tous les changements qui,
« depuis un siècle, se sont opérés dans les idées,
« dans les mœurs, dans les institutions, dans l'état
« économique et social de la France, la justice et la
« raison commandent d'adapter libéralement, humai-
« nement, le texte aux réalités et aux exigences de
« la vie moderne. Pour cette évolution nécessaire,
« le Code civil est, entre les mains des juristes, un
« instrument d'une singulière puissance... ».

Il est difficile de concevoir une matière où ces
paroles de l'éminent magistrat puissent trouver leur

application plus parfaite que dans celle à laquelle
nous avons consacré cet ouvrage.

Lors de la rédaction du Code civil, est-il besoin
de le dire, la coalition ouvrière n'était point un droit;
loin de là, elle tombait sous le coup de la loi répressive et constituait, aux termes de l'art. 7 de la loi du
22 germinal an XI, dont l'art. 415 du Code pénal ne
devait pas tarder à s'approprier les dispositions, un
délit puni de la peine de l'emprisonnement. Ce
n'était point sous l'empire de cette législation que
l'on pouvait attendre la reconnaissance et la protection, au point de vue civil, du droit de grève. La loi
du 25 mai 1864 était bien venue, à la vérité, supprimer de notre droit pénal le délit de coalition. A
partir de ce jour, le droit de grève avait conquis
droit de cité dans notre législation civile ; mais il
devait se passer encore de longues années avant
qu'on parût songer à lui donner une valeur effective et à lui faire jouer un rôle dans le fonctionnement du contrat de travail. C'est en 1890 seulement
que se révélèrent les premières tentatives ébauchées
par les partisans de la cause ouvrière, pour faire
sortir le droit de grève du domaine purement théorique où il avait été enfermé jusque-là, et pour l'opposer au droit contractuel. Nous savons comment
ces tentatives restèrent stériles et furent condamnées
à l'impuissance par une jurisprudence encore résolument orientée à l'heure actuelle dans le sens de
l'assimilation de la cessation individuelle et de la
suspension collective du travail.

Nous ignorons si les tribunaux voudront un jour
ouvrir les yeux, et modifier la conception initiale

qui inspire leurs solutions, en faisant prévaloir la réalité sur l'apparence, et en éclairant l'acte matériel de l'arrêt concerté du travail à la lumière de sa portée intentionnelle.

S'ils entraient dans cette voie, ils trouveraient large matière à l'œuvre d'adaptation, dont nous avons vu proclamer en termes si élevés la possibilité légale ; et ils auraient d'autant plus de facilité à le faire, que la théorie de l'abus du droit pénètre de plus en plus dans les décisions judiciaires. Il suffirait donc, semble-t-il, aux tribunaux d'un bien petit effort pour donner à cette théorie un développement nouveau en l'introduisant dans la solution des difficultés soulevées par la collision du droit de grève et du respect dû à la convention.

Les tribunaux voudront-ils faire ce pas en avant ?

S'ils persistent à s'y refuser, comment ne souhaiterions-nous pas qu'une intervention législative vînt les y contraindre ?

Oserons-nous ajouter que, même s'ils y consentaient, il serait encore nécessaire, selon nous, que le législateur accomplît une réforme inspirée par des vues plus vastes, dont la maturité s'accuse de jour en jour davantage en présence de l'acuité croissante des conflits ouvriers et de l'exemple donné par les pays étrangers ?

*
* *

Confessons-le franchement : le système que nous avons construit conduit à reconnaître aux tribunaux un pouvoir d'appréciation souverain sur le carac-

tère abusif ou non abusif de la grève. Nous n'éprou-
vons aucun embarras à dire que c'est par là qu'il
pèche.

Avant nous, ce pouvoir d'appréciation a inquiété
M. Pic, qui s'en est fait une arme pour combattre
le système de la jurisprudence. « Les Tribunaux,
« écrit-il (1), deviennent, dans ce système, les sou-
« verains appréciateurs des *motifs* de la grève ; il
« leur est toujours loisible, par cette menace d'une
« condamnation civile susceptible de ruiner le syn-
« dicat promoteur de la grève, de paralyser l'action
« concertée des travailleurs, de disloquer les forces
« ouvrières au moment peut-être où elles sont près
« d'atteindre le but et d'obtenir du patronat des
« concessions jugées nécessaires. Et sur quoi se base,
« en somme la condamnation, lorsqu'elle inter-
« vient ? Sur une appréciation toute subjective des
« motifs de la coalition, appréciation sujette à de
« nombreuses causes d'erreur, et presque forcément
« tendancieuse ».

Nous ne souscrivons point à ce que ces lignes
peuvent renfermer de défiance et de suspicion à
l'égard des tribunaux. Rien ne peut autoriser cette
insinuation portée contre eux, qu'il leur vienne la
pensée de se rendre coupables d'un véritable détour-
nement de pouvoir au profit de la force patronale et
au détriment des intérêts ouvriers. Ceux-là seuls
peuvent nourrir de pareilles inquiétudes qui ne
connaissent pas le courant de sollicitude et de

(1) Pic, art. précité, p. 37.

pitié dont les magistrats sont animés vis-à-vis des déshérités de la fortune.

Au surplus, la façon même dont la question de responsabilité se poserait devant les tribunaux, serait, à elle seule, une garantie suffisante que les intérêts des ouvriers seraient sauvegardés lorsqu'ils seraient légitimes.

Que la question de l'abus du droit dût se poser au point de vue de la responsabilité délictuelle comme dans le système de la jurisprudence, ou au point de vue de la responsabilité contractuelle comme dans le nôtre, il ne suffirait pas à un tribunal, pour motiver une condamnation à des dommages-intérêts contre des ouvriers grévistes, ou même contre les promoteurs du mouvement, qu'il prononçât que la grève a été déclarée *sans motifs légitimes* (1). Il faudrait qu'il *précisât* les circonstances constitutives du caractère abusif de la grève, et cette nécessité ne serait-elle pas une assurance que la balance serait tenue égale entre les ouvriers et les

(1) La jurisprudence est, depuis longtemps, fixée en ce sens, relativement à l'application de l'art 1780. Pour condamner l'ouvrier ou le patron qui résilie le contrat de travail d'une durée indéterminée à des dommages-intérêts, une faute doit être constatée à leur charge, faute consistant dans l'exercice abusif de leur droit de congé unilatéral. Les tribunaux inférieurs ont manifesté, à la vérité, surtout au début de la mise en vigueur de la loi du 27 décembre 1890, une tendance marquée à se contenter, pour la constatation de cette faute, de ce que le congé serait donné sans motifs. Toutes les fois que de semblables décisions ont été déférées à la Cour suprême, celle-ci les a invariablement cassées (les derniers des nombreux arrêts intervenus sur ce point, dont l'énumération complète serait fastidieuse, sont, à notre connaissance, deux arrêts de la Chambre civile des 16 et 18 mars 1903, D. P. 1903, 1, 127). La Cour de cassation exige la reconnaissance d'une faute démontrée, qui seule peut légalement baser une condamnation à des dommages-intérêts.

patrons, et que l'attitude patronale serait jugée avec
la même optique et sous le même angle que l'attitude ouvrière ? On ne doit pas perdre de vue que
le patron qui réclamerait des dommages-intérêts en
réparation du préjudice qui lui serait causé par la
grève aurait la qualité de demandeur, et qu'il assu-
merait de ce chef le fardeau de la preuve. C'est à
lui qu'incomberait de justifier l'existence de *l'abus
de droit* nécessaire au succès de son action ; or, pas
plus que le dol, l'abus de droit ne se présume ;
comme le dol, il doit être positivement prouvé (art.
1116, C. civ.). Le patron demandeur aurait donc à
renverser la présomption de non-abus qui militerait
contre lui. Pourquoi redouterait-on que les tribunaux n'exigeassent point de lui la preuve qui est à
sa charge ? (1).

Nous ne pouvons donc mettre en doute l'esprit
d'équité et le bon vouloir dont s'inspireraient les
tribunaux, s'ils étaient appelés à se prononcer sur

(1) Si le lecteur est curieux de connaître des espèces dans lesquelles
peut apparaître en fait l'abus du droit de grève, il pourra consulter
spécialement : Trib. civ. de la Seine, 5 août 1893, la *Loi* du 17 août
1893. — Trib. comm. de la Seine, 30 janvier 1894, *Gaz. Pal.*, 1894,
1, 516.

Les grèves de Marseille (août-octobre 1904) pourront fournir au
lecteur, bien qu'elles n'aient pas provoqué l'intervention de la justice, une occasion intéressante de se rendre compte de ce que pourrait être un débat portant sur l'abus du droit de grève. Si, comme
le pense M. Pic (art. précité, p. 33), les grèves de Marseille ont été
déterminées par un lock-out initial des patrons, ou tout au moins
par une cause obscure et complexe, il est certain que les tribunaux,
dans le cas où ils auraient été saisis d'une action en dommages-intérêts dirigée contre les grévistes, n'auraient pu constater de leur
part l'abus nécessaire à la justification d'une condamnation (Voir,
sur le même sujet, l'article anonyme déjà cité des *Annales du droit
commercial et industriel*, p. 372 et suiv.).

les motifs d'une grève. Mais nous reconnaissons très volontiers que, malgré cet esprit d'équité, malgré ce bon vouloir, les magistrats seront souvent dans l'impossibilité de considérer comme ils doivent l'être tous les éléments du débat qui sera porté devant eux.

Comme nous en avons déjà fait la remarque (1), les litiges de l'ordre judiciaire mettent le juge en présence d'intérêts isolés et de droits particuliers. Chaque procès se trouve ainsi revêtir nécessairement la forme d'un conflit individuel, et ce n'est pas dans ce cadre étroit que peuvent se mouvoir les considérations économiques, sociales, et même parfois politiques, qui dominent, quoi qu'on fasse, l'appréciation de la légitimité des revendications ouvrières.

Pour que le débat puisse s'élargir, pour qu'il se développe dans toute son ampleur, et que toute la vérité s'y fasse jour, il faut qu'il soit porté devant une juridiction qui soit susceptible d'en embrasser tous les éléments, d'en pénétrer toutes les causes et de le juger avec le caractère de différend économique qui lui appartient. Les tribunaux judiciaires ne peuvent, par la force des choses, l'envisager avec cette hauteur de vues. Leur fonction sociale, qui réside dans l'application de la loi positive, ne leur permet guère de se dégager du cercle restreint dans lequel les enferme la rigidité de textes conçus dans un esprit individualiste, auxquels le point de vue économique, qu'ils n'excluent pas selon nous, est certainement, il faut en convenir, demeuré étranger. Et c'est là ce qui explique comment le respect de la

(1) V. *supra*, p. 55 et 56.

convention est demeuré, jusqu'à présent, à leurs yeux, ce principe intangible contre lequel nous avons vu M. l'avocat général Feuilloley proclamer l'impuissance radicale du droit de grève.

Il semble donc qu'il soit rationnel d'enlever aux tribunaux la connaissance de litiges qui ne peuvent se discuter devant eux que déviés et dénaturés par la position même des deux parties.

Bien plus, et c'est la résultante logique de notre étude, il semble qu'il faille supprimer les litiges eux-mêmes, en tant que litiges individuels, pour en absorber la solution dans celle du différend collectif dont ils ne sont que la dépendance.

Au fond des choses, *tant que notre législation du travail conservera le caractère individualiste qui lui appartient encore, la grève, phénomène économique et social, mettra aux prises, non des droits, mais des intérêts, non des individus, mais des forces.* Elle sera, par essence, une manifestation de puissance collective qui, même lorsqu'elle est la plus légitime, impliquera nécessairement une insurrection contre le droit conventionnel, tel que l'a organisé la loi civile pour régler les rapports des individus. Et c'est pourquoi cette loi, qui n'est point faite pour elle, devrait lui être inapplicable. Si nous l'osions, nous dirions que le droit de grève est *hors la loi,* en entendant par là la loi des relations entre individus, et qu'il ne sera jamais traité comme il doit l'être, tant qu'il ne sera pas soumis, dans son exercice et quant à la solution du conflit qu'il fait naître, à la réglementation propre qui lui convient.

Quand ce conflit éclate, c'est à y mettre fin que

la loi doit avant tout pourvoir ; c'est à rétablir l'accord rompu entre le patron et la coalition ouvrière qu'elle doit s'employer. Dans cette œuvre de rapprochement, la considération du contrat qui lie civilement le patron aux ouvriers s'efface et s'annihile, et les conséquences civiles de l'inexécution de ce contrat deviennent choses secondaires au point d'être négligeables. Une autorité supérieure doit apparaître, assez puissante pour imposer aux deux forces en lutte le pacte nouveau qui rétablira leur harmonie et rendra à leur collaboration son fonctionnement normal. Pour ce faire, cette autorité ne tiendra pas compte des *droits* et des *obligations* réciproques qu'avait fait naître le contrat antérieur ; elle n'envisagera que les *intérêts* en présence. Même si le traité de paix maintient le contrat existant lors de la déclaration de la grève, il ne le maintiendra pas en vertu de sa force civilement obligatoire : il le maintiendra parce qu'il sera jugé conforme aux intérêts réciproques des belligérants.

Et il faut qu'en imposant ce pacte nouveau, la puissance, qui interpose ainsi sa médiation forcée, ne laisse place à aucune contestation individuelle, qui, si elle survivait à la solution du différend collectif, serait un véritable non-sens. Il faut que, le travail repris sur les bases fixées par la juridiction arbitrale, tous les sujets de désaccord soient définitivement éteints et qu'il ne puisse plus surgir du trouble momentané, créé par l'état de grève, de litiges affectant un caractère individuel, sous forme de demandes en résiliation ou en dommages-intérêts. La loi manquerait à la plus élémentaire prévoyance si elle ne tarissait pas, en même temps que le différend collectif, les contestations individuelles.

Qu'on ne nous accuse pas, en formulant cette conception législative, d'inconséquence et de contradiction! Qu'on ne nous dise pas qu'après avoir, péniblement peut-être, construit une théorie juridique, nous concluons à son inutilité, et nous aboutissons à son renversement! Nous tenir ce langage serait nous bien mal comprendre. Nous avons, dans la partie théorique de notre étude, tenté d'atteindre un double but : d'abord analyser le fait de la grève, ensuite déterminer l'application qui peut lui être faite du droit de l'heure présente. Pourquoi n'avouerions-nous pas que cet essai de mise au point ne nous a pas satisfait, et n'a eu pour résultat que de nous convaincre de l'imperfection native de toute théorie, de la nôtre comme de celles que nous avons combattues, qui sera édifiée sous l'empire d'une législation laissant sans solution le différend collectif en lequel se résume la grève? N'est-ce point en dégageant la vérité qu'on ouvre la voie au progrès, et n'est-ce point en montrant la lacune existante qu'on prépare le perfectionnement qui doit la combler?

En faisant de l'abus du droit l'idée dominante de notre doctrine, nous avons du même coup mis en lumière sa difficulté d'application, et, disons-le loyalement, sa faiblesse et ses dangers : sa faiblesse, au point de vue juridique, en tant qu'elle comporte, dans la recherche de l'abus, cette donnée, si hardie eu égard aux notions courantes, que la grève légitime implique une faute économique du patron consis-

tant dans une méconnaissance d'un intérêt collectif
et social ; ses dangers, au point de vue pratique, en
tant qu'elle remet l'appréciation de cette faute à des
tribunaux auxquels la forme du litige dont ils auront
à connaître masquera les éléments dont elle procède. Et nous ne croyons pas qu'une autre construction, quelle qu'elle soit, *dès lors qu'elle aura
pour fondement l'accommodation d'un droit individualiste à un fait collectif*, puisse échapper aux
mêmes reproches. Toutes, avec un tel point de
départ, sont vouées à la critique : et nous n'avons
eu d'autre ambition que d'émettre, à nos yeux, la
moins mauvaise.

C'est donc au législateur qu'il appartient d'intervenir.

Aussi bien la réforme inévitable est-elle en mar-
che. La France s'est, dans cette matière comme dans
trop d'autres, laissé distancer dans la voie du progrès législatif par plusieurs nations étrangères : elle
aura du moins l'avantage de profiter de l'expérience
acquise. Plusieurs propositions ou projets ont été
déposés devant le Parlement, qui attendent d'être
mis en discussion. Ils donnent satisfaction au principe que nous avons essayé de justifier, sous la
forme d'une tentative de conciliation au début de la
grève et, si elle est déclarée, de l'organisation d'un
arbitrage destiné à la solutionner, avec un caractère
également obligatoire (1).

Dès 1896, le Gouvernement, dans la personne de

---

(1) Voir, sur l'arbitrage obligatoire, la thèse de M. L. Barthélemot,
Paris, 1901.

M. Mesureur, alors ministre du Commerce, a présenté à la Chambre des députés un projet de loi (1)
« portant modification à la loi du 27 décembre 1892
« sur la conciliation et l'arbitrage entre patrons et
« ouvriers et employés ». Dans ce projet, la tentative
de conciliation seule était obligatoire, l'arbitrage
demeurant entièrement facultatif.

En 1898, une seconde proposition de loi fut déposée sur le bureau de la Chambre par MM. Bovier-Lapierre, Charles Ferry et Dutreix, députés (2); elle
reproduisait dans son ensemble le projet de M. Mesureur : tentative de conciliation obligatoire, arbitrage facultatif.

Ce n'était là, on le voit, qu'une demi-mesure. Le
15 novembre 1900, M. Millerand, ministre du Commerce, présentait un nouveau projet (3) qui, cette
fois, avait pour objet « le règlement amiable des
« différends relatifs aux conditions du travail ». Ce
projet, qui a été repris par M. Millerand, comme
député, à titre de proposition de loi, le 14 octobre
1902 (4), institue l'arbitrage obligatoire, en le limitant toutefois aux travaux de l'Etat, des départements ou des communes, aux exploitations des
chemins de fer d'intérêt local et de tramways, et à
tous les établissements commerciaux et industriels

(1) *Journ. off.*, docum. parlem., Chambre, session ord. 1896, séance
du 23 janvier 1896, annexe n° 1746, p. 22.

(2) *Journ. off.*, docum. parlem., Chambre, session extraord. de
1898, séance du 22 novembre 1898, annexe n° 408, p. 311.

(3) *Journ. off.*, docum. parlem., Chambre, session extraord. de
1900, séance du 15 novembre 1900, annexe n° 1937, p. 58.

(4) *Journ. off.*, docum. parlem., Chambre, session extraord. de
1902, séance du 14 octobre 1902, annexe n° 323, p. 75.

occupant au moins cinquante ouvriers ou employés
dans lesquels aura été pris l'engagement réciproque
d'appliquer le régime nouveau. La désignation des
arbitres est, dans la période qui précède la déclaration de la grève et en vue de l'éviter, laissée au
choix du patron et des ouvriers; après la grève
déclarée, le pouvoir arbitral est conféré d'office aux
sections compétentes du Conseil du travail. La sanction de l'inobservation de la sentence réside dans la
privation, durant un certain temps, des droits d'élec-
torat et d'éligibilité professionnels.

Plus récemment encore, deux nouvelles propositions de loi ont été déposées sur le bureau de la
Chambre, l'une émanée de M. Paul Constans (1),
et « tendant à organiser le droit de grève », l'autre
due à M. Rudelle (2), et « portant règlement amiable des différends collectifs entre patrons et ouvriers ».

L'ensemble de ces propositions, soumises à la
Commission du travail, a fait l'objet d'un rapport de
M. Colliard (3).

(1) *Journ. off.*, docum. parlem., Chambre, session ordin. de 1903,
séance du 27 mai 1903, annexe n° 938, p. 509. — La proposition de
M. Constans se borne, sans organiser ni procédure de conciliation ni
pouvoir arbitral, à constituer les travailleurs d'un atelier, d'une
usine ou d'une mine en société ouvrière, et à remettre à l'Assemblée
générale de cette société, statuant à la majorité, la décision souveraine de la déclaration, de la continuation ou de la cessation de la
grève.

(2) *Journ. off.*, docum. parlem., Chambre, session ordin. de 1904,
séance du 17 mai 1904, annexe n° 1691, p. 645. — La proposition de
M. Rudelle repousse l'arbitrage obligatoire, et ne fait qu'imposer la
tentative de conciliation.

(3) *Journ. off.*, docum. parlem., Chambre, session extraordin. de
1904, 3° séance du 22 décembre 1904, annexe n° 2172, p. 479.

Nous sortirions du cadre de notre sujet en analysant en détail les dispositions arrêtées par cette Commission. Notre but n'étant que de dégager un point de vue, il nous suffit de constater que la réforme projetée repose sur les deux principes fondamentaux de l'arbitrage obligatoire et de l'institution, pour y procéder, d'une juridiction technique. La mise en œuvre de ces deux principes est affaire de réglementation ; c'est au Parlement à lui donner l'efficacité qu'elle porte en elle.

.·.

Mais cette réforme doit-elle être suffisante ? Nous ne le pensons pas. Elle ne tend qu'à solutionner le différend une fois né ; elle ne fait rien pour le prévenir. Elle ne peut donc remplir qu'imparfaitement le but pacificateur qu'il est du devoir du législateur de chercher à atteindre. Pour y parvenir, il faut une organisation plus complète, une innovation plus radicale ; il faut, de toute nécessité, en arriver à l'institution du *contrat collectif*, au sens propre et exact du terme, c'est-à-dire de tarifs et conditions générales d'engagement établis par un pouvoir supérieur, obligatoires, sauf conventions spéciales, pour les patrons et les ouvriers, et susceptibles d'être mis d'une façon constante en harmonie avec la situation économique du pays. C'est le système de la loi suisse du canton de Genève, en date du 10 février 1900, dont l'art. 1er est ainsi conçu : « A défaut de conven-
« tions spéciales, les conditions d'engagement des
« ouvriers, en matière de louage de services ou

« d'ouvrage, sont réglées par l'usage. — *Ont force*
« *d'usage les tarifs et conditions générales d'enga-*
« *gement établis conformément à la présente loi* ».
L'art. 2 détermine le mode d'établissement de ces tarifs
et conditions, lesquels sont fixés : *a*) d'un commun
accord entre les patrons et les ouvriers, dûment
constaté dans les formes tracées par la loi ; *b*) à
défaut d'accord, par la Commission centrale des
prud'hommes, et les délégués des patrons et ouvriers
qui lui sont adjoints, après un essai préalable de conciliation devant le Conseil d'Etat. Aux termes de l'art.
15, « pendant la durée d'un tarif en vigueur, aucune
« suspension générale de travail ne pourra être
« décrétée par les patrons ou les ouvriers dans le
« but de modifier ce tarif ».

Cette organisation du contrat collectif obligatoire
paraît constituer à première vue une grave dérogation à la liberté des conventions. Sans doute, elle
réserve aux patrons et ouvriers la faculté de faire
entre eux des conventions spéciales, et ce n'est qu'à
défaut de ces conventions que les tarifs et conditions
générales d'engagement établis conformément à la
loi ont, pour employer le langage de l'art. 1er ci-dessus reproduit, *forcé d'usage*. Mais il est bien certain
qu'en fait, ces conventions particulières seront très
rares, et que la loi des rapports contractuels des
patrons et des ouvriers résidera dans les tarifs et
conditions sous l'empire desquels les placera le seul
fait de l'engagement de l'ouvrier au service du patron.

La dérogation apportée par cette conception au
principe d'autonomie de la volonté est cependant

plus apparente que réelle. Même dans les conventions individuelles, la force obligatoire de l'usage joue un rôle important. En matière civile, et surtout en matière commerciale, il existe un très grand nombre de règles, qu'elles soient ou non écrites dans la loi, auxquelles les contractants se soumettent par cela seul qu'ils n'y dérogent pas, et qui ont par suite force légale. Pourquoi l'usage n'aurait-il pas la même valeur vis-à-vis du contrat destiné à lier une collectivité d'individus? (1) Juridiquement, le principe de la liberté de la volonté est respecté dès lors que la loi admet et reconnaît la possibilité de conventions particulières. Economiquement, les .ntérêts respectifs des parties contractantes peuvent être aisément sauvegardés par les précautions prises en vue d'assurer l'impartialité du pouvoir chargé de fixer l'usage qui présidera aux rapports des patrons et des ouvriers.

Une réforme loyalement faite en ce sens, avec un égal souci des intérêts patronaux et des intérêts ouvriers, serait donc, croyons-nous, un bienfait social. La grande industrie ayant donné au droit ouvrier le caractère de droit collectif, son organisation doit nécessairement procéder du même point de vue.

---

(1) Quand nous parlons de « collectivité d'individus », nous entendons désigner le patronat aussi bien que le salariat. Car, encore bien que, dans une industrie considérée isolément, un seul patron soit lié à une masse d'ouvriers, il n'en est pas moins manifeste qu'au point de vue auquel nous sommes placé, l'usage oblige, d'une part, tous les patrons, d'autre part tous les ouvriers. Il est donc vrai de dire que le contrat collectif, ainsi compris, lie l'une à l'autre deux collectivités, qui ne diffèrent que par le nombre des individualités qui les composent.

Tant que la conception individualiste dominera, les relations du capital et du travail demeureront, socialement, un foyer de trouble et, disons le mot, d'anarchie, et juridiquement une source d'obscurité. L'organisation *collectiviste*, au sens qui précède, ramènerait l'apaisement social et rétablirait du même coup la clarté juridique.

Du jour, en effet, où seraient déterminés par un usage obligatoire les rapports contractuels des patrons et des ouvriers, les principes du Code civil reprendraient, quant à ces rapports contractuels, tout leur empire. La violation par les uns ou les autres des contractants de la convention formant leur loi, ferait naître à leur charge les responsabilités de droit commun, et rien ne s'opposerait plus à ce que l'appréciation de ces responsabilités fût restituée aux tribunaux ordinaires, puisqu'ils n'auraient plus qu'à vérifier si le contrat a été ou non inexécuté, sans avoir à se préoccuper de considérations économiques ou sociales, dont il serait légalement et irréfragablement présumé que le contrat serait l'expression exacte. La grève cesserait d'être un droit en conflit avec le droit conventionnel; elle redeviendrait un fait d'inexécution toujours illégitime, toujours imputable à faute, toujours susceptible de sanction. Et il serait à nouveau vrai de dire, avec la jurisprudence, que le droit de grève aurait pour limite le respect de la convention.

Le Code civil donnerait ainsi, à plus d'un siècle de distance, par cette revivification ample et féconde, une nouvelle preuve de son admirable souplesse et de l'éternelle vérité des principes dont il a fait l'assise de notre droit.

∴

Nous avons parcouru la carrière que nous nous étions tracée.

Il nous reste à souhaiter que sonne bientôt l'heure qui dotera enfin la France de l'organisme pacificateur qui lui fait encore défaut, et que doivent appeler de leurs vœux tous ceux qui savent combien la paix sociale est intéressée à ce que patrons et ouvriers connaissent leurs droits et leurs devoirs, et ne restent pas soumis au régime de l'incertitude et de l'équivoque, qui est la première source des différends humains!

Table des Matières

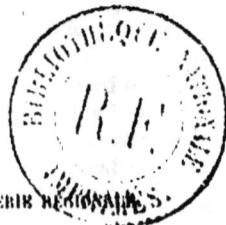

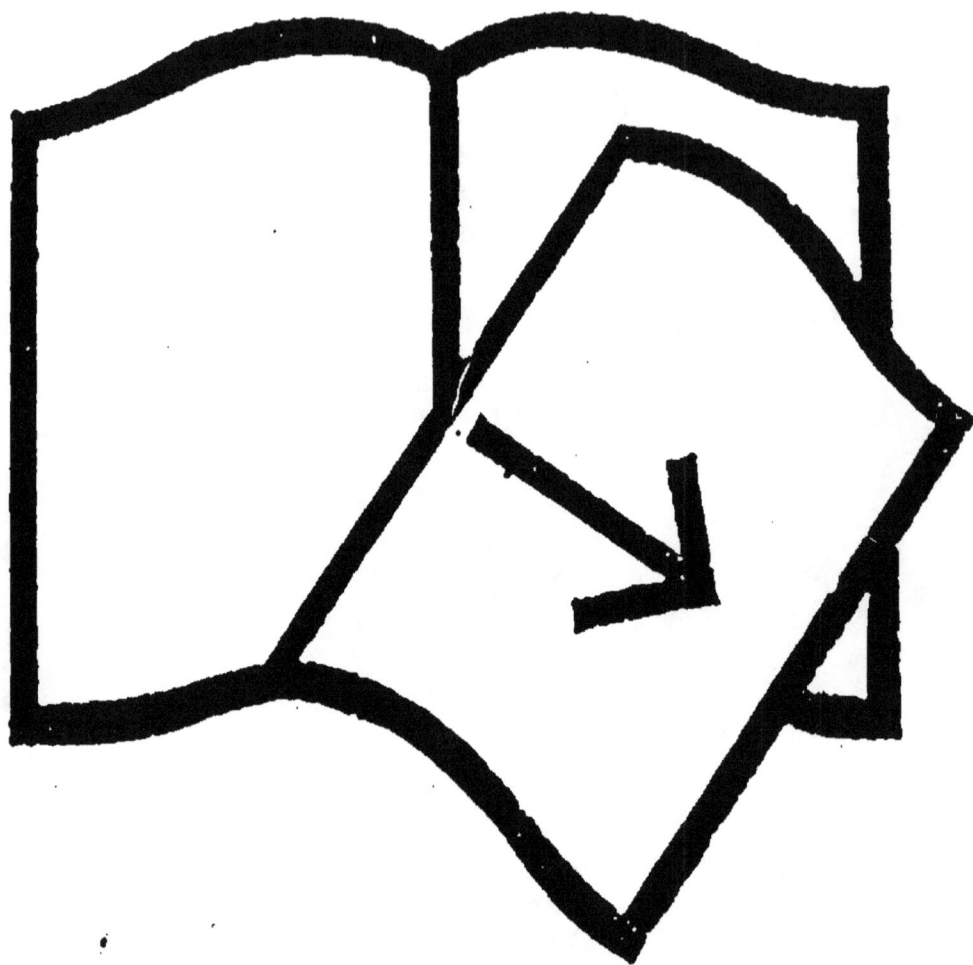

Documents manquants (pages, cahiers...)
NF Z 43-120-13